식탁에서 찾은 세계 시민 이야기

생각하는 어린이 사회편 ⑩

식탁에서 찾은 세계 시민 이야기

초판 발행	2023년 08월 25일
초판 2쇄	2025년 08월 10일
글쓴이	유소라, 조윤주
그린이	이진아
펴낸이	이재현
펴낸곳	리틀씨앤톡
출판등록	제 2022-000106호(2022년 9월 23일)
주소	경기도 파주시 문발로 405 제2출판단지 활자마을
전화	02-338-0092
팩스	02-338-0097
홈페이지	www.seentalk.co.kr
E-mail	seentalk@naver.com
ISBN	978-89-6098-959-7 74800
	978-89-6098-827-9 (세트)

ⓒ2023, 유소라·조윤주

- 저작권법에 의하여 한국 내에서 보호를 받는 저작물이므로 무단전재 및 복제를 금합니다.
- KC마크는 이 제품이 공통안전기준에 적합하였음을 의미합니다.

모델명	식탁에서 찾은 세계 시민 이야기	제조년월	2025. 08. 10.	제조자명	리틀씨앤톡	제조국명	대한민국
주소	경기도 파주시 문발로 405 제2출판단지 활자마을	전화번호	02-338-0092	사용연령	7세 이상

은 씨앤톡의 어린이 브랜드입니다.

> 작가의 말

식탁 위에 숨겨진 지구촌의 문제들, 함께 생각해 봐요!

어느 날 신문에서 음식 쓰레기를 모아 다시 요리를 해서 먹는 나라가 있다는 기사를 보았어요. 빈민가에 사는 사람들이 음식을 사 먹을 돈이 없어서 그런 음식이 생겨났대요. 심지어 그것을 조리해서 파는 음식점들도 있다는 이야기에 깜짝 놀랐지요.

오늘 우리의 식탁 위에 있는 음식을 생각해 볼까요? 우리는 매 끼니마다 다양한 음식을 먹어요. 매일 먹는 음식만큼 버려지는 음식물도 많지요. 지구의 어느 곳에서는 음식물이 버려지고, 또 어느 곳에서는 버려진 음식으로 요리를 해요. 어떤 곳에서는 먹지 못해서 굶어 죽는 아이들이 있고, 또 어떤 곳에서는 비만 때문에 사람들이 다이어트를 해요. 현재 전 세계는 80억 명의 사람들이 모두 먹고도 남을 만큼의 식량이 생산되고 있어요. 그런데 왜 이런 일들이 일어나는 것일까요?

세계화로 인해 전 세계는 긴밀히 연결되어 있어요. 빈곤, 불평등, 환경

과 같은 전 지구적인 문제들도 점차 증가하고 있어요. 이러한 문제는 한 국가의 노력만으로 되는 것이 아니에요. 각 나라가 서로 협력하고 소통하면서 문제를 해결해 나가야 해요. 우리는 한 나라의 국민이자, 지구의 문제에 대한 책임감을 갖고 더불어 살아가야 하는 '세계 시민'이기 때문이에요.

  이 책은 현재 세계에서 벌어지고 있는 문제를 음식을 통해 이야기하고 있어요. 우리에게 친숙한 식탁 위의 음식을 통해 지구촌 곳곳에 숨겨진 문제들을 발견하고 생각해 보는 기회가 되길 바라요. 더불어 바람직한 세계 시민이 되기 위해 우리가 갖추어야 할 의식과 태도에 대해서도 배워 보는 시간이 되었으면 좋겠습니다.

유소라, 조윤주

차례

작가의 말 4

제1장 음식 쓰레기로 요리를 한다고? 9
땅콩 파는 아이와 쓰레기산 마을 10
음식 쓰레기가 왜? 22
세계 시민 의식을 찾았다! 27
그래서 지금은? 32

제2장 베이컨이 혐오를 의미한다고? 35
프랑스 학교의 급식실에서 생긴 일 36
무슬림이 왜? 46
세계 시민 의식을 찾았다! 52
그래서 지금은? 55

제3장 기후 위기 때문에 감자튀김을 못 먹을 수도 있다고? 57
할아버지 감자 농장에 불이 났어요! 58
기후 위기가 왜? 68
세계 시민 의식을 찾았다! 73
그래서 지금은? 76

제4장 닭이 행복해야 우리가 건강하다고? 81

댓글로 알게 된 동물들의 행복 82
동물 복지가 왜? 94
세계 시민 의식을 찾았다! 100
그래서 지금은? 105

제5장 아이스크림이 아동 노동을 통해 만들어진다고? 107

팜유에 숨겨진 아이들의 눈물 108
아동 노동이 왜? 120
세계 시민 의식을 찾았다! 125
그래서 지금은? 127

제6장 고래잡이를 다시 시작한다고? 131

고래를 지켜야 해요 132
해양 생물이 왜? 142
세계 시민 의식을 찾았다! 147
그래서 지금은? 151

제1장

음식 쓰레기로 요리를 한다고?

땅콩 파는 아이와 쓰레기산 마을

땅콩 파는 아이

"토미 아저씨, 줄리비 햄버거로 가 주세요!"

제이피는 차의 뒷좌석에 타자마자 말했어요. 오늘도 학교 수업이 끝나고 집에 가는 길에 참새 방앗간 들르듯, 햄버거 가게에 들르려고 해요. 제이피는 필리핀 마닐라에 있는 국제학교 4학년에 재학 중이에요. 국제학교는 원래 필리핀에 사는 외국인 학생들을 위한 곳인데 제이피처럼 필리핀인이지만 해외에서 살다가 온 친구가 다닐 수도 있어요.

제이피는 이동할 때마다 토미 아저씨가 차로 데려다줘요. 그래서 학교 체육 시간이나 골프장을 갈 때를 빼곤 거의 걸어 다닐 일이 없어요.

"제이피, 오늘도 급식 안 먹고 버렸니? 또 햄버거 먹은 거 알면 엄마한테 혼날 텐데."

"에이, 급식은 맛없단 말이에요. 매점에서 파는 과자랑 음료수밖에 안 먹어서 배고파요. 엄마한테 말 안 할게요. 아저씨랑 나랑만 비밀로 하면 엄마는 모를 거예요."

토미 아저씨는 오늘도 제이피의 고집을 꺾지 못했어요.

"너 그렇게 매일 급식 안 먹고 햄버거만 먹으면 진짜 비만 된다. 그럼 너도 혼나고 나도 너희 엄마한테 혼나."

지난번 제이피의 건강 검진 결과에 '비만 경보'가 나와서 엄마가 토미 아저씨에게 화를 냈거든요. 몰래 햄버거나 다른 간식을 먹게 놔둔 거 아니냐, 골프 수업은 빠지지 않고 잘 데려가고 있는 거냐 하면서요.

'엄마도 참, 햄버거도 내가 먹고 골프 수업 빠지는 것도 난데 왜 토미 아저씨를 혼내는지.'

결국 오늘도 제이피는 줄리비 햄버거에서 좋아하는 비프버거를 주문해서 맛있게 먹고 있었어요.

"어? 저 여자애 또 왔네."

제이피는 햄버거를 열심히 먹다가 토미 아저씨의 말에 고개를 들어 아저씨의 시선을 좇았어요. 며칠 전에 봤던 그 여자아이예요. 까무잡잡하고 거친 피부에 깡마른 그 여자아이는 허름한 옷을 입고, 빗질도 제대로 하지 않은 긴 머리 그대로예요. 그리고 역시 손에는 땅콩을 담은 가방을 들고 있어요. 오늘도 땅콩을 팔러 왔나 봐요.

"저러다 또 쫓겨나면 어쩌려고, 쯧."

제이피는 먹다 남은 햄버거를 갑자기 쟁반에 내려놓고는 휴지로 입 주변을 닦으며 괜히 그 여자아이 쪽을 눈으로 좇았어요. 그 모습을 본 토미 아저씨가 의아하다는 듯 물었어요.

"벌써 다 먹은 거야?"

"이러다 진짜 비만될 것 같아서……. 이제 그만 먹을래요. 아저씨, 우리 또 땅콩 사 먹을까요?"

아저씨가 짓궂게 웃으면서 말했어요.

"너 오늘 여기 온 게 햄버거 때문만은 아니구나?"

"아니, 지난번에 먹어 보니까 땅콩이 맛있어서 그런 거예요, 뭐……."

제이피는 당황하며 얼버무렸어요.

제이피의 시선을 느꼈는지 그 여자아이가 제이피가 있는 테이블로 다가왔어요.

"땅콩 사세요. 한 봉지에 5페소밖에 안 해요."

여자아이는 어른 주먹만 한 비닐봉지에 든 땅콩을 가방에서 꺼내 보여 주며, 주변 눈치를 살피느라 조용히 속삭이다시피 했어요. 까맣고 큰 눈이 너무 맑아서 제이피는 차마 거절할 수 없을 것 같았어요.

"두 봉지만 줄래?"

여자아이는 조심스럽게 가방 안에서 땅콩 두 봉지를 꺼냈어요. 제이피도 주머니에서 돈을 꺼내서 여자아이에게 건네려는데 갑자기 큰 소리가 들렸어요.

"얘, 여기 오지 말라고 했지? 한 번만 더 오면 경찰에 신고한다고?"

제이피가 소리가 나는 쪽을 돌아보니, 햄버거 가게 직원이 여자아이를 향해 성큼성큼 다가오고 있었어요. 그러자 여자아이는 서둘러 가방을 챙기더니 햄버거 가게 밖으로 재빠르게 뛰어나갔어요. 제이피가 당황해서 소리 질렀어요.

"어? 야! 돈은 받아 가야……."

토미 아저씨가 제이피의 손을 잡고는 조용히 고개를 저었어요. 가만히 있으라는 의미였어요. 제이피는 여자아이가 뛰쳐나간 햄버거 가게의 문 쪽을 걱정스러운 눈길로 쳐다보았어요.

쓰레기산 마을

"쓰레기산 마을? 저 다리를 건너면 있는 그 쓰레기 마을 말이에요?"

집으로 돌아오는 차 안에서 제이피는 토미 아저씨가 해 준 아까 그 여자아이에 대한 이야기를 듣고 되물었어요.

"그래, 파야타스라고 여기서 10분쯤 떨어진 곳이야. 그곳 아이들은 가난해서 학교도 잘 못 가고 돈을 벌려고 아까 그 아이처럼 땅콩을 팔기도 한단다. 아까 그 아이, 돈을 못 받아서 엄청 속상할 거야. 10페소가 너한테는 적은 돈이지만 그 아이한테는 한 끼를 해결할 수도 있는 큰돈이거든."

제이피도 파야타스 마을에 대해서 들어 본 적이 있어요. 파야타스 마을은 필리핀에서 최대 쓰레기 매립장이 있는 곳이에요. 매립장 주변에 가난한 사람들이 모여 살면서 마을이 생겼는데, 쓰레기가 산처럼 쌓여 있다고 해서 '쓰레기산 마을'이라고 불린다고 들었어요. 그 아이가 그런 곳에 살고 있다니, 믿기지 않으면서도 왠지 가여웠어요.

다음 날도 제이피는 줄리비 햄버거에 들렀어요. 하지만 그 여자아이는 보이지 않았죠. 그다음 날도, 다음 날도……. 아무래도 그날 직원한테 혼나서 이젠 오지 않나 봐요.

제이피는 땅콩만 받고 돈을 내지 못한 일이 마음에 걸렸어요. 그래서 토미 아저씨에게 어려운 부탁을 했죠.

"토미 아저씨, 파야타스가 여기서 멀지 않다고 했죠? 우리 그곳에 가서 그 아이한테 땅콩 값을 주고 오면 안 될까요?"

"아서라, 제이피. 거긴 위험하고 더러운 곳이야. 그리고 그 아이가 어디 사는지도 모르는데 어떻게 찾으려고 그래?"

"딱 한 번만 가 보고 못 찾으면 다신 부탁 안 할게요, 네?"

토미 아저씨가 연신 "허허 참……." 하며 곤란하다는 듯 공연히 손으로 턱을 쓰다듬었어요. 제이피는 토미 아저씨가 끝내 자신의 부탁을 들어 줄 것이라는 걸 알았어요.

음식 쓰레기를 먹는다고?

제이피가 사는 동네에서 다리를 하나 건너니 거짓말처럼 새로운 풍경이 펼쳐졌어요. 화려한 고층 건물들은 온데간데없고, 공포 영화에나 나올 법한 짓다 만 건물들과 쓰레기로 뒤범벅이 된 길들이 나왔어요.

집에서 10여 분밖에 안 온 것 같은데 완전히 딴 세상이 펼쳐지니 제이피는 어리둥절했어요.

토미 아저씨는 멀리서 언덕같이 보이던 '쓰레기산' 근처 공터에 차를 세우더니 말했어요.

"여기 마을 아이들은 모두 이쪽에 모여. 여기서 그 아이가 있는지 찾아보자."

차에서 내리니 악취가 풍겼어요. 공터랑 이어지는 마을은 꼬불꼬불 미로 같은 곳에 판잣집들이 붙어 있었어요. 마치 여러 조각의 천들을 불규칙적으로 꿰매 놓은 것 같았죠. 어떤 집은 겨우 제이피의 키만 해서 사람이 그 안에서 어떻게 살까 싶은 곳도 있었어요.

토미 아저씨의 말대로 과연 쓰레기산 주변에는 아이들이 많았어요.

"저게 쓰레기산이죠? 그런데 왜 아이들이 여기서 놀고 있어요? 더럽고 위험하잖아요."

제이피가 토미 아저씨에게 물었어요.

"노는 게 아니란다, 제이피."

"그럼요?"

"쓰레기에서 보물을 발견하는 중이지."

"에이, 보물이면 쓰레기통에 버렸겠어요?"

"저 쓰레기 더미에서 전선이나 휴대폰 부품, 그리고 입을 만한 옷들을 주우면 팔 수 있거든. 그리고 음식 쓰레기 중에 상태가 괜찮아서 먹을 수 있는 것도 있고."

"네? 음식 쓰레기를 먹는다고요?"

"그래, 넌 상상할 수 없겠지만 이 마을 사람들은 사람들이 버린 음식 중 상태가 좋은 걸 골라서 다시 요리를 해서 먹어. '팍팍'이라고 하는데, 그걸 파는 식당도 있는걸."

그때였어요. 기적처럼 그 여자아이가 나타났어요! 여자아이는 동생인 듯한 작은 남자아이의 손을 잡고 쓰레기산 쪽을 향해 걸어가고 있었어요. 제이피는 여자아이를 향해 다가갔어요.

"안녕?"

여자아이가 의아하다는 듯 쳐다보았어요. 제이피는 주머니에서 돈을 꺼내며 말했어요.

"그때 줄리비에서……, 땅콩만 받고 돈을 못 내서 말이야."

여자아이의 표정이 밝아지면서 예의 그 큰 눈이 반짝였어요. 그리고

생긋 웃었어요. 제이피도 함께 생긋 웃었어요.

처음부터 나눠 먹을 수는 없는 걸까?

다음 날 점심시간, 오늘도 급식에는 제이피가 싫어하는 채소와 살구가 나왔어요.

"제이피, 다 먹었지? 이제 남은 거 버리고 매점에 가자."

제이피 옆에서 점심을 먹던 사무엘이 말했어요. 제이피와 사무엘은 늘 급식을 남겨서 버리고는 매점에서 간식과 음료를 사 먹어요. 그런데 제이피는 오늘만큼은 파야타스 마을에 사는 사람들이 생각나서 차마 식판에 남은 음식들을 버릴 수가 없었어요.

"아니, 나 오늘은 매점 안 가. 이거 다 먹을 거야……."

사무엘은 웬일이냐는 듯한 표정을 짓고는, 으쓱하더니 다른 아이들과 먼저 일어나 급식판에 반 이상 남은 음식을 쓰레기통으로 가져가 쏟아 부었어요. 큰 음식물 쓰레기통은 이미 다른 아이들이 버린 음식물로 거의 채워져 있었죠.

제이피는 생각했어요. '미리 음식을 공평하게 나누면 음식이 많이 버려지지도 않고, 음식 쓰레기를 먹는 사람도 없을 텐데.' 하고 말이죠.

굶주리는 사람들, 음식을 버리는 사람들

음식 쓰레기를 먹는 사람들

음식 쓰레기를 먹는다니, 믿겨지니? 실제로 지구상 몇몇 곳의 사람들은 음식 쓰레기를 모아서 다시 요리를 해서 먹어. 필리핀 수도 마닐라는 세계에서 빈부 격차가 가장 큰 도시 중 하나야. 이곳 빈민가 사람들은 돈이 없어서 음식 쓰레기를 요리해 먹기도 하는데, 이 음식을 '팍팍'이라고 해. '팍팍'을 파는 전문 음식점들도 있지.

'팍팍'은 먹다 남은 치킨, 햄버거, 생선 등의 음식 쓰레기 중 먹을 만한 것을 모아서 헹구고 씻어서 죽처럼 끓인 음식이야. 사실 '팍팍'은 위생상 좋지 않기 때문에 불법이지만, 빈민가의 사람들은 이마저도 없으면 굶을 수밖에

없기 때문에 어쩔 수 없어.

 마닐라에는 '팍팍'을 먹는 사람들이 2015년도 기준으로 인구의 3분의 1이나 돼! 필리핀의 화려한 도시 마닐라의 이면에는 음식 쓰레기로 만든 음식을 먹을 수밖에 없는 사람들이 이렇게나 많다는 게 놀랍지 않니?

 우리나라도 음식 쓰레기를 먹던 시절이 있었어. 6.25 전쟁 때 피난민들 중에는 배고픔을 참지 못해서 당시 우리나라에 주둔하던 미군 부대에서 버린 음식 쓰레기 중 먹을 만한 부분을 건져 죽처럼 끓여서 만든 음식을 먹기도 했어. 마치 돼지 사료와 비슷하다고 해서 '꿀꿀이죽'이라고 불렀지.

세계는 음식 쓰레기와 전쟁 중

사실 전 세계적으로 커다란 문제가 될 만큼 음식들이 많이 버려지고 있어. 전 세계적으로 매년 버려지는 음식의 양은 판매되는 음식의 약 3분의 1이나 돼! 과일은 생산되는 것 중 45%가 버려지고 있어. 거의 절반에 가까운 양이지.

이 엄청난 음식 쓰레기 양에는 반려동물이나 가축 사료와 같은 다른 용도를 위한 음식들은 포함되지 않았어. 어업 중에 낚아 올린 후 버려지는 엄청난 양의 해산물도 포함되어 있지 않아. 이렇게 버려지는 전 세계 음식 쓰레기는 2019년 기준으로 약 9억 3000만 톤이야. 이는 돈으로 환산하면 약 1000조 원어치이고, 40톤 화물차 2500만 대의 분량에 해당하는데 이것을 일렬로 세우면 지구를 일곱 바퀴 돌 수 있을 정도야.

또 그 음식 쓰레기를 처리하는 것도 큰 문제야. 이 어마어마한 음식 쓰레기를 어디에 버릴지 장소도 문제고, 버려지는 과정에서 엄청난 환경 문제를 일으켜. 전 세계에서 배출되는 온실가스 중 8%가 음식 쓰레기를 처리하는 과정에서 만들어질 정도지.

+ 지식플러스

셀리나 율과 덴마크의 '음식 쓰레기의 날'

덴마크에서는 9월 29일이 '음식 쓰레기의 날'이에요. 덴마크는 원래 전통적인 쓰레기가 무척 많은 나라였어요. 1인당 쓰레기 배출량이 유럽 연합 평균을 훨씬 웃돌았다고 해요. 문제가 심각해지자 '셀리나 율'이라는 덴마크 사람이 2008년에 페이스북에서 '음식 낭비 중단'이라는 소그룹을 만들어 음식 쓰레기 줄이기 운동을 시작했어요. 셀리나는 잔반 처리법, 음식을 필요한 양만 구입하는 요령 등을 올렸는데, 냉장고 파먹는 날, 잔반을 요리해 먹는 '일요일 타파스', 여름휴가 가기 전 이웃에게 식재료 나누기 등이 대표적인 활동이었어요. 셀리나 율의 활동이 알려지면서 덴마크 국민의 사고방식이 바뀌었어요. 그리고 덴마크 정부는 9월 29일을 '음식 쓰레기의 날'로 정해 음식 쓰레기를 줄이는 데 적극적으로 동참했지요.

 불평등의 결과, 기아와 비만

현재 전 세계는 100억 명의 사람들이 모두 먹고도 남을 만큼의 식량이 생산되고 있어. 그러나 전 세계적으로 10억 명의 사람들이 굶주림으로 고통받고, 5초에 한 명씩 아이들이 굶어 죽어. 그런데 과체중으로 다이어트를 시도하는 사람도 세계적으로 10억 명 이상이야.

음식을 둘러싼 불평등은 비단 빈민국의 문제만은 아니야. 캐나다의 토론토처럼 부유한 도시에서조차 어린이 4명 중 1명이 굶주리고 있어. 그런데 아이러니하게도 캐나다 어린이 한 명이 점심 식사에서만 배출한 쓰레기가 연평균 30kg이야! 이것은 10살짜리 어린이의 몸무게와 맞먹는 무게지. 이 불평등에는 물도 포함돼. 선진국 사람이 하루에 식사할 때 쓰는 물의 양은 욕조 15개 분량인데 반해, 세계 인구 6명 중 1명은 깨끗한 물을 제대로 먹지 못하고 있어.

불행하게도 이러한 불평등은 점점 더 심각해지고 있어. 무엇 때문일까? 음식물은 전 세계의 인구가 모두 먹을 수 있을 만큼 충분히 생산되고 있어. 다만 음식을 공평하게 나누지 못하는 분배에 문제가 있는 거지. 이를 해결하지 못한다면 식량 격차가 커지고, 불평등은 더욱 심각해질 거야.

세계화의 이면, 불평등

세계화의 두 얼굴

세계화는 효과적으로 세계 경제를 풍요롭게 만들었지만, 부자 나라는 더 부자로, 가난한 나라는 더 가난하게 만드는 부작용을 낳았어.

산업 혁명 이후 국적을 뛰어넘어 세계에서 활동하는 다국적 기업이 생겨났고, 다국적 기업은 바나나, 커피, 초콜릿, 팜유 등의 자원이 풍부하지만 경제적으로 발달이 덜 된 신흥국과 개발도상국에 진출했어.

다국적 기업은 세계에서 가장 싼 원료와 노동력을 활용해 점점 더 돈을 많이 벌었고, 이런 다국적 기업에서 만든 상품을 수입한 나라의 국민들은 가까운 슈퍼에서 맛있는 바나나와 커피, 초콜릿을 저렴한 가격에 먹을 수 있었어. 하지만 값싼 노동력과 원료를 제공한 다수의 신흥국과 개발도상국은 상대적으로 점점 더 가난해지게 되었지.

  그 결과 현재 세계에서 가장 부유한 나라 일곱 곳의 인구는 세계 인구의 10%를 차지하면서, 이들이 전 세계 자산의 절반을 지니고 있어. 반대로 가장 가난한 나라들의 인구는 세계 인구의 16%를 차지하지만, 이들이 전 세계에서 차지하는 자산은 1%에 불과해. 경제학자들은 세계화가 불평등을 더 부추겼다고 지적하고 있어.

+ 지식플러스

UN의 가장 큰 과제, 빈곤과 굶주림 퇴치

UN(국제 연합)에서는 2015년, 세계화된 우리 국제 사회가 다 함께 지속 가능한 발전을 위해 노력하자는 의미에서 선언문을 만들었어요. 이것을 '지속 가능 발전 목표'라고 해요. 여기에는 사람과 지구가 평화로운 내일을 위한 여러 가지 공동 과제를 만들었는데, 처음 두 가지 과제가 바로 '빈곤'과 '굶주림' 퇴치예요. 그만큼 식량 문제가 전 세계적으로 심각하다는 의미지요. '식량 격차'는 오늘날 세계 평화와 안보를 위협하는 가장 심각한 요인이에요. 기술과 경제가 발전했는데도 여전히 전 세계의 10%가 굶주린다는 것은, 단순히 식량 부족의 문제가 아님을 의미해요. 전쟁, 이주, 자연 재해 그리고 정치, 종교, 사회적 문제로 인한 갈등과 불평등이 원인이 되는 경우가 많아요. 그래서 현재의 굶주림은 자연적인 현상이 아닌, 인재에 더 가까운 일이 되어 버렸어요. UN은 이 문제를 전 세계가 다함께 노력해야 해결할 수 있는 일이라고 판단해서, 빈곤과 굶주림 퇴치를 가장 중요한 과제로 꼽고 있어요.

새로운 식민지, 쓰레기 식민지

이 많은 음식 쓰레기는 어디로 갈까? 결국에는 이것을 돈을 받고 가져가는 가난한 나라가 차지하게 돼. 가난한 나라가 돈을 받고 사 가는 쓰레기는 비단 음식 쓰레기뿐만이 아니야. 지속적으로 늘어나는 플라스틱, 옷, 전자제품 등으로 전 세계는 쓰레기로 넘쳐 나는데, 이 폐기물들이 '수출'이라는 이름으로 가난한 나라로 흘러들어 가. 국가 간에 쓰레기를 사고파는 거지.

주로 아시아, 아프리카, 라틴아메리카의 가난한 나라 대도시 주변에 이런 쓰레기를 모아둔 쓰레기 마을이 형성돼. 이 마을에 사는 사람들은 쓰레기장을 뒤져서 하루 양식이나 내다 팔 물건을 찾는 것이 일상적인 일이야. 쓰레기가 이들의 삶의 양식이 되는 셈이지.

쓰레기에서 돈이 될 만한 물건을 찾는 노동에는 아이들까지 동원되기 일쑤야. 물론 거대한 쓰레기에서 배출되는 매연과 유독가스 등이 이들의 건강을 위협하지. 쓰레기를 만드는 나라는 깨끗한데, 쓰레기로 인한 고통은 다른 지역의 사람들이 받는다니, 불공평하지? 그야말로 쓰레기 시대의 새로운 식민지라고 할 수 있어.

판매하고 남는 음식을
필요한 사람들에게로

슈퍼마켓의 음식 쓰레기 줄이기 운동

2016년 프랑스는 세계 최초로 슈퍼마켓에서 유통기한 내에 판매하지 못한 음식을 버리는 것을 금지했어. 남은 식품은 기부해야 하고, 그렇지 않으면 벌금을 물게 하는 법을 만들었지. 덴마크에는 지역마다 유통기한이 지났거나 라벨 손상 등으로 팔기 어려운 제품을 파는 식료품점이 있어. 지역 식료품점에서 유통 기한이 지났거나 포장 상태가 안 좋은 식품, 재고가 많이 남은 식품 등을 회수해 최대 50% 할인된 가격에 판매해.

캐나다 토론토에서는 2018년, 세계 최초로 식품의 값을 내고 싶은 만큼 낼 수 있는 식료품점을 열었어. 이 식료품점의 진열대에는 큰 마트에서 미처 팔지 못하고 남은 식품들로 채워져. 손님들은 낼 수 있는 만큼만 비용을 내거나, 무료로 식품을 가져가. 대신 손님들은 다른 음식을 기부하거나, 자원봉사를 하는 방식 등으로 그 식료품점에 도움을 주지.

　식료품점은 상품성이 조금 떨어지는 음식들을 버리는 대신 싼 값에라도 팔 수 있고, 그만큼 음식 쓰레기를 줄일 수 있어. 소비자들은 필요한 음식을 저렴한 가격에 살 수 있기 때문에 서로에게 좋은 정책이야.

교과서 속 세계 시민 키워드

빈곤 가난으로 생활하는 것이 어려운 상태를 말해요.

기아 먹을 것이 없어 배를 곯는 상태예요.

빈부 격차 가난한 사람과 부유한 사람의 경제적 소득의 차이를 말해요.

제2장

베이컨이 혐오를 의미한다고?

프랑스 학교의 급식실에서 생긴 일

엄마는 사회 운동가

"오빠, 아직 손님들이 계신가 봐."

이모네 집에 있다가 돌아온 라작, 카이르 남매는 선뜻 집 안으로 들어서지 못하고 현관문 앞에 서 있었어요. 엄마가 손님들과 함께 심각한 표정으로 이야기를 나누고 있었기 때문이에요.

시간이 한참 지나서야 엄마가 손짓을 했어요.

"왔니, 애들아? 들어오렴. 오늘 중요한 일이 있어서 기자님들이 찾아오셨어. 엄마 인터뷰는 곧 끝나

이건 프랑스 사회의 이슬람에 대한 혐오를 노골적으로 보여 준 사건이에요.

니까, 잠깐 방에 들어가 있을래?"

　엄마의 말대로 거실에는 다양한 인종의 기자들이 히잡을 쓴 엄마를 둘러싸고 있었어요. 물론 아주 낯선 풍경은 아니었어요. 2년 전, 터키에서 프랑스로 이민을 온 라작네 가족은 이슬람교를 믿는 무슬림이고, 라작의 엄마는 프랑스에서 활동하는 작가이자, 사회 운동가예요. 그래서 가끔 이렇게 집에 기자들이 찾아오곤 해요.

특히 이번처럼 큰 사건이 터질 때면 엄마는 더욱 바빠지죠. 얼마 전, 남부 프랑스에 신축 중인 이슬람 사원 앞에 잘린 돼지머리가 발견되었고, 이 뉴스는 프랑스 전체로 퍼져 나갔지요. 현재 경찰에서 조사 중이라는데 범인은 아직 잡히지 않은 모양이에요.

"이건 프랑스 사회의 이슬람에 대한 혐오를 노골적으로 보여 준 사건이에요. 프랑스 정부는 그냥 넘어가선 안 된다고 생각해요! 빠른 시간 내에 범인을 잡아 엄벌을 내려야 합니다."

방에서도 화가 난 엄마의 목소리가 들려왔어요.

"휴……."

이런 모습의 엄마를 볼 때면 라작의 마음은 복잡해져요. 세상을 향해 당당히 목소리를 내는 엄마가 멋지기도 하지만, 한편 걱정도 돼요. 오늘처럼 엄마가 인터뷰를 하고, 그게 방송에라도 나오면 같은 반 친구인 피에르가 라작을 더 괴롭히거든요.

"오빠, 내일 피에르가 또 못된 장난을 하면 어쩌지?"

동생 카이르도 걱정이 되나 봐요.

내일 학교 갈 일에 마음이 무거워진 라작에게 인터뷰에 답하는 엄마의 단호한 목소리가 들렸어요.

"우리는 테러리스트가 아닙니다!"

'쿠스쿠스' 냄새!

지하철에서 내려 저만치 앞서가는 엄마를 졸졸 따라가는 라작의 발걸음이 점점 느려졌어요. 지하철에서 학교까지는 걸어서 단 5분 거리이지만, 빨리 학교에 가고 싶지 않아서예요.

역시 라작의 예상대로예요. 라작이 등교하자마자 피에르가 먹잇감을 찾은 맹수 같은 눈빛으로 라작에게 다가왔어요. 라작은 일부러 피에르와 눈을 맞추지 않기 위해 땅바닥만 보면서 걸었지만 소용없었지요.

피에르가 라작 옆을 지나가면서 손으로 코를 움켜쥐며 말했어요.

"으윽, 쿠스쿠스 냄새!"

오늘따라 피에르의 행동이 과장되었지만, 이 정도야 뭐 일상이에요. 프랑스 친구들은 대체로 친절하지만, 유독 피에르만은 라작에게 못되게 굴어요. 한번은 라작에게 그러는 것도 모자라서 카이르의 머리카락에 껌을 붙여놓은 적도 있었죠. 물론, 그럴 때마다 피에르는 실실 웃으면서 장난이라고 말했어요. 그때도 엄마가 인터뷰하는 모습이 TV에 크게 나온 날이었어요.

"아니, 오늘 누가 아침에 쿠스쿠스 먹고 왔냐? 교실에 쿠스쿠스 냄새가 진동을 하네."

피에르는 라작이 들으라는 듯 일부러 큰 소리로 말했어요. 쿠스쿠스는 북아프리카에서 주식으로 먹는 음식인데 이곳에는 무슬림이 많아서 무슬림을 상징하는 음식이 되었어요. 라작은 피에르가 무슬림인 자신을 괴롭히기 위해 쿠스쿠스 냄새가 난다고 떠드는 것을 알고 있죠.

'쳇, 쿠스쿠스는 프랑스인들이 더 좋아한다고! 프랑스 사람들이 가장 좋아하는 음식 10위 안에 든다고!'

라작은 소리쳤어요. 물론 마음속으로만요. 아무 말도 할 수 없는 자신에게 화가 났지만 어쩔 수가 없었어요.

점심시간에 날아온 베이컨

가장 괴로운 시간은 점심시간이에요. 라작의 학교에서는 라작과 같은 무슬림 친구들을 위한 메뉴가 함께 나와요. 무슬림은 돼지고기를 먹지 않기 때문에 대체 메뉴가 나오죠. 오늘도 라작은 무슬림을 위한 메뉴를 식판에 담았어요. 오늘의 메뉴에는 베이컨이 포함되어 있었어요.

"우아, 내가 제일 좋아하는 베이컨!"

좋아하는 아이들의 목소리가 들렸지만, 당연히 라작은 베이컨을 식판에 담지 않았어요.

"라작, 점심 맛있게 먹어라!"

피에르가 라작의 맞은편에 앉으며 말을 건넸어요. 물론 친절한 말투는 아니고 조롱에 가까운 말투였죠.

"근데 라작, 한창 크는 나이에 그렇게 편식하면 안 돼. 골고루 먹어야 쑥쑥 크는 거야."

피에르는 자신의 식판에 있던 베이컨을 라작의 식판에 담으면서 비꼬았어요. 그 베이컨을 보는 순간 라작은 이슬람 사원 앞에 돼지머리가 발견되었다는 뉴스가 떠올랐어요. 그 뉴스 때문에 얼마나 많은 무슬림들이 분노하고, 모멸감을 느꼈는지 라작은 너무나 잘 알고 있었지요. 라작은 이제 더 이상 참을 수가 없었어요. 라작은 너무 화가 나서 피에르를 향해 달려들었어요.

"이 나쁜 놈! 뭐 하는 짓이야!"

그러나 피에르는 지지 않고 바닥에 식판과 함께 나동그라진 베이컨을 한 움큼 쥐어 라작을 향해 던졌어요.

"그러니까 왜 우리나라에 와서 그래? 너희 나라로 돌아가라고!"

"우리가 뭘 어쨌다고 그러는 건데?"

둘은 더욱 맹렬하게 엉켜서 바닥을 뒹굴었어요. 주변 친구들은 갑작

스러운 몸싸움에 당황하며 어찌할 줄 모르고 보고만 있었어요.

"아니, 이 녀석들, 식사 시간 중에 뭐 하는 짓이야?"

급식 지도를 하던 토미 선생님이 황급히 뛰어와 둘을 떼어 놨어요. 아직 흥분이 가라앉지 않은 라작과 피에르는 서로 노려보며, 분을 삼키지 못하고 있었죠. 그때 피에르가 고함치며 말했어요.

"우리나라를 떠나라고, 이 테러리스트야!"

순간, 주위는 조용해졌고, 급식실에는 모든 것이 정지되고 피에르의 말만 남겨진 것 같았어요.

그때 토미 선생님이 피에르를 향해 무섭게 야단쳤어요.

"피에르, 너 지금 무슨 말을 하는 거니? 라작은 테러리스트가 아니야. 라작에게 사과해라."

"쳇, 제가 왜요? 무슬림은 다 테러리스트나 마찬가지예요. 그 사람들이 우리나라에 와서 테러가 일어나고, 우리 프랑스 사람들이 억울하게 죽었잖아요. 그리고 일자리도 많이 뺏어 가잖아요."

피에르는 맺힌 게 많은지 씩씩대면서 토미 선생님에게 대꾸했어요.

"피에르, 테러를 하는 건 극히 일부, 극단적인 무슬림들의 소행이야. 그걸로 모든 무슬림을 판단하는 건 잘못된 일이야."

선생님이 타이르듯 말했어요.

"우리도 그런 무슬림들을 좋아하지 않아. 우린 그들과 다르다고! 모든 무슬림이 다 테러리스트는 아니야!"

피에르를 향해 다시 라작이 쏘아붙였어요.

"잘 알지도 못하면서 일부의 모습만 보고 편견을 갖고 싫어하는 건, 혐오고 차별이야. 이렇게 다양한 국적의 친구들이 같이 공부하는 학교에서 그런 태도는 나빠. 너흰 그저 같이 수업을 듣는 학교 친구들일 뿐이야."

토미 선생님의 말씀에 다소 흥분이 가라앉은 피에르와 라작은 아무

말 없이 서로를 노려만 보고 있었어요.

"자, 이제 같이 주변을 정리하자. 이유야 어쨌든 폭력은 나쁜 거니까 서로 사과하고, 너희 때문에 놀란 친구들에게도 사과하고."

토미 선생님의 말에 라작과 피에르는 쭈뼛대며 함께 바닥에 떨어진 베이컨을 주워 담기 시작했어요. 베이컨을 주워 담은 후, 라작은 피에르와 친구들을 향해 말했어요.

"소란 피워서 미안해. 그런데 너희들도 종교가 다르다는 이유로 나를 함부로 대하지 않았으면 좋겠어."

피에르도 어색해하며 말했어요.

"나도 뭐, 미안해……. 테러리스트라고 말한 건 음……, 내가 심했던 것 같아."

피에르는 이번에는 장난이었다고 하지 않고 사과를 했어요.

'달라서' 생기는 혐오와 차별

특정 종교를 향한 혐오와 차별

　세계에는 우리나라처럼 여러 종교를 가진 사람들이 골고루 섞여 있는 나라도 있지만, 국민 대다수가 특정 종교를 추종하는 나라도 있어. 그리고 종교에 따라 문화가 다르기도 해. 힌두교 신자들은 소를 신성시해서 소고기를 먹지 않고, 이슬람교를 믿는 무슬림은 돼지고기를 먹지 않아.

　그런데 다른 나라의 종교를 혐오하고 차별하는 사람들도 있어. 가령 이슬람을 혐오하고 무슬림을 차별하는 사람들을 '이슬라모포비아'라고 해. 이들은 이슬람 사원 앞에 잘린 돼지고기를 쌓아 놓는다거나, 베이컨을 투척한다거나 돼지 모양의 장난감을 들고 시위를 하면서 무슬림을 조롱하

기도 하지. 현재 유럽과 미국 등 전 세계적으로 무슬림을 향한 혐오와 차별이 점점 심해지고 있어.

    우리나라에서도 무슬림에 대한 혐오를 보여준 사건이 있어. 2020년, 우리나라에서 유학 중인 무슬림들이 대구에 이슬람 사원을 건축하려고 하자, 주민들이 반대하는 시위를 했어. 이들의 갈등은 법적 다툼으로 이어졌고, 시위는 장기간 계속되고 있어. 심지어 시위 참가자들은 시위 중 삼겹살을 구워 먹거나, 돼지머리 전시를 하며 이슬람 문화를 비하하기도 했지.

무슬림은 모두 테러리스트일까?

전 세계 무슬림 수는 퓨 리서치에 따르면 2017년 기준으로 18억 명이 넘는 걸로 추정하고 있어. 전 세계 인구의 4분의 1이나 되지. 우리나라의 무슬림 인구는 재한 외국인까지 포함해 2020년 기준으로 26만 명으로 추산하고 있어. 세계 어디에서든 무슬림과 함께 살아가고 있다는 얘기지. 그런데 왜 무슬림에 대한 혐오와 차별이 많을까?

무슬림 중에는 소수의 극단주의자들이 있는데, 그들은 이슬람을 믿지 않는 사람들을 적으로 생각하고 테러를 일으키기도 해. 가장 대표적인 건, 2001년에 미국 뉴욕의 110층짜리 세계무역센터 쌍둥이 빌딩을 비행기로 공격한 사건이야. 사망자만 무려 3000명이 넘었어. 2015년에는 프랑스 파리에서 폭탄 테러를 해 사망자가 130명이나 나오기도 했어. 이런 극단주의자들의 무자비한 테러로 무슬림은 테러리스트라는 이미지가 생겼어. 여기에 미국 등에서 만들어진 영화나 드라마에서 이슬람에 대한 부정적인 부분을 과장해서 보여 준 것도 한몫했지.

하지만 무슬림 중 테러리스트는 극히 일부야. 대부분의 무슬림은 그저 종교가 다른, 우리와 같은 평범한 사람들이야.

➕ 지식플러스

혐오와 차별에 이용되는 음식들

음식은 역사이고, 문화이기 때문인지 사람들은 종교나 인종, 문화를 혐오하고 차별하기 위해서 종종 음식을 이용해요. 우리나라 사람들도 해외에서 인종 차별을 받을 때 '마늘 냄새'가 난다며 조롱을 당하기도 했죠. 사실 마늘은 우리나라뿐 아니라 이탈리아 등지에서도 많이 먹는데 말이죠. '쿠스쿠스'라는 음식은 거친 밀을 으깨서 좁쌀 크기로 동글동글하게 빚어 쪄 내는 북아프리카 음식으로 알제리가 프랑스 식민지였다가 해방했을 때, 프랑스인이 알제리를 떠나면서 가져온 대표적인 현지 문화예요. 그런데 북아프리카의 대부분이 무슬림이다 보니까 쿠스쿠스는 무슬림권을 상징하는 음식이 되었어요. 프랑스에서는 가장 좋아하는 음식 순위에서 10위 안에 들 정도로 프랑스인이 즐겨 먹는 음식이지만, 쿠스쿠스는 가끔 무슬림을 혐오할 때 쓰는 표현이 되기도 해요.

다양한 혐오와 차별의 역사

　슬프게도 세계 역사에서는 혐오와 차별로 인한 비극이 오래전부터 끊임없이 일어났어. 특정 종교를 향한 혐오와 차별뿐이 아니야. 인종, 문화, 성별, 계급 등 다양한 차별로 인한 비극적인 역사는 셀 수 없이 많았지. 그리고 지금까지도 그 차별은 여전히 남아 있어.

　가장 뿌리 깊은 혐오와 차별의 역사는 인종 차별이라고 할 수 있어. 콜럼버스가 신대륙을 발견한 후, 유럽에서 온 정복자들은 신대륙에 살던 원주민들을 노예로 만들었어. 정복자들은 노예를 사고팔고, 고된 일을 시키며 잔인하게 대했지. 이후 노예 해방 운동을 거쳐 원주민이었던 흑인들은 자유의 몸이 되었지만, 인종 차별은 지금까지도 남아 종종 사회 문제를 일으키고 있어.

　역사적으로 가장 끔찍한 사건 중 하나인 유대인 학살 역시 혐오와 차별 때문이었어. 당시 독일의 지도자 히틀러는 독일인들에게 유대인은 미개하다는 인식을 심어 줬고, 이로 인해 독일인들은 유대인을 혐오하고, 차별하게 되었어. 이런 혐오와 차별로 인해 유대인을 잔인하게 대해도 상관없다는 생각까지 하게 된 거야.

　남녀 차별 역시 역사가 오래되었어. 프랑스 국민들의 영웅 나폴레옹이

만든 '나폴레옹 법전'은 1807년에 완성된 것으로, 현재 프랑스 민법의 기초가 되고 있어. 법전에는 평등, 자유, 사유 재산의 존중 등이 담겨 있는데, 여성 관련 법들은 여기에 해당되지 않았어. 세계 3대 법전으로 꼽힌다는 이 법전조차도 여성은 남편에게 복종해야 하고 남편 허락 없이 이사도 할 수 없도록 적혀 있었어. 즉, 여성을 남성의 소유물로 생각한 거지.

혐오와 차별을 하지 않아요

우리는 다문화 세상에 살아요

우리는 세계와 연결되어 있어. 다른 인종, 국적, 종교, 이념을 가진 사람들과 어울려서 살기 마련이지. 그런데 인종, 국적, 종교, 이념이 다르다는 이유로, 혹은 소수자라는 이유만으로 차별과 혐오를 해서는 안 돼. 역사에서 알 수 있듯, 혐오와 차별은 폭력을 낳을 뿐이야. 나, 우리와 다르다고 해서 틀린 게 아니야.

우리가 사는 세계는 다양한 인종과 국적, 종교를 지닌 사람들이 어울려 살고 있으니, 서로의 문화를 그대로 존중하고 이해해야 해. 그래야 세계 많은 사람들과 어우러져 살아갈 수 있어.

+ 지식플러스

인종 차별에 맞선 인권 운동가, 로자 파크스

로자 파크스가 태어나던 1910년대 초반은 미국에 노예 제도가 없어진 때지만, 여전히 흑인들은 노예와 다를 바 없이 살고 있었어요. 흑인은 백인들이 다니는 학교와 교회, 카페, 음식점은 들어갈 수 없었죠. 심지어 버스에서도 유색 인종 좌석에 앉아야 했어요. 1955년 어느 날, 로자 파크스는 백인에게 자리를 양보하라는 버스 기사의 말을 거부했어요. 그리고 버스 기사의 신고로 체포되었죠. 이 작은 사건으로 그동안 차별 때문에 울분이 쌓인 흑인 사회가 똘똘 뭉쳐서 버스 보이콧 운동, 즉 승차 거부 운동을 벌이게 되었어요. 버스는 텅 빈 채로 달리게 되었고, 이후 이 운동은 흑인 인권 운동으로까지 이어졌죠. 결국 로자 파크스는 인종 분리 버스 탑승 제도가 위헌이라는 판결이 나서 석방되었고 평생을 소외받는 사람들을 위한 시민운동을 했어요.

혐오와 차별이 담긴 표현을 하지 않아요

올림픽이나 월드컵 등 스포츠 경기에서 가끔 상대 선수들이 아시아 선수들을 향해 눈꼬리를 찢어 올리는 흉내를 내는 것을 본 적이 있니? 이건 아시아 사람들을 조롱하는 대표적인 표현이야. 아시아인들 특유의 외모를 비하하는 거지. 우리가 생활 속에서 별생각 없이 단어 끝에 한자로 벌레를 뜻하는 '충'을 붙이는 것 또한 혐오와 차별을 노골적으로 표현하는 일이야.

이 외에도 우리는 혐오와 차별을 담은 표현인 줄 모르고 쓰는 경우도 많아. 흑인들을 멋지다고 '흑형'이라고 부르기도 하는데 이 역시 듣는 사람에겐 인종 차별로 느껴지는 불쾌한 단어야. 부모 중 한쪽이 외국인인 경우를 '다문화 가정'이라고 하지만 사람을 가리켜 '쟤, 다문화야!'라고 말하면 상대방은 모욕감을 느낄 수 있어.

세계 시민이라면 이런 혐오와 차별이 담긴 표현은 사용하지 않아야 해.

혐오와 차별에 반대하는 사람들

세계 인종 차별 철폐의 날

1960년대, 남아프리카공화국의 인종 차별은 극에 달했어. 흑인과 백인을 분리한다는 '아파르트헤이트 정책'이 버젓이 있을 정도였지. 아파르트헤이트는 '분리, 격리'를 뜻하는 아프리칸스어로, 모든 사람을 백인, 흑인, 유색인, 혼혈인으로 분류해 인종마다 주거, 결혼, 고용 등에 제한과 차별을 두는 법이었어. 이를 더 이상 견딜 수 없었던 사람들은 1960년 3월 21일, 남아프리카공화국의 샤프빌이라는 곳에서 인종 분리 정책에 반대하는 평화 집회를 열었어. 평화 시위였지만 경찰이 무력으로 시위에 참여한 사람들을 진압해 시민 69명이 목숨을 잃게 되었고, 이 사건은 '샤프빌 학살'이라고 불리게 되었지.

　이 사건 이후 많은 인종 차별적인 법이 폐지되었고 이로부터 6년 후 UN 총회에서 모든 종류의 인종 차별을 철폐하는 내용의 결의안이 통과되었어. 동시에 UN은 샤프빌 학살 사건을 기억하기 위해 3월 21일을 '인종 차별 철폐의 날'로 선언했어.

교과서 속 세계 시민 키워드

 # 인권 인간으로서 당연히 가지는 기본적인 권리예요. 모든 사람은 태어나는 순간부터 자유롭고 존엄하며 평등해요.

 # 지구촌 갈등 세계 여러 지역은 지역마다 민족이나 종교, 인종, 생각과 믿음이 다른 경우가 많아 다양한 이유로 갈등이 일어나요.

 # 문화적 편견과 차별 우리는 성별, 피부색, 인종, 국적, 언어, 종교 등이 다른 사람들과 함께 살아가요. 하지만 모습이나 행동, 생각, 교육 수준, 재산 정도 등이 다르다는 이유로 때로는 부당하게 대우하거나 차별하기도 해요.

제3장

기후 위기 때문에 감자튀김을 못 먹을 수도 있다고?

할아버지의 감자 농장에 불이 났어요!

폭염 속 스스로 성장을 멈추는 감자

"네? 축구 대회가 취소되었다고요?"

"맥스, 지금 날씨가 너무 더워서 정부에서 야외 활동을 금지했어."

"얼마나 기다려온 대회인데, 너무 속상해요."

맥스는 엄마의 말에 실망감을 감추지 못했어요. 지난봄부터 얼마나 열심히 준비했는데 그깟 날씨 때문에 취소되었다는 것이 억울했지요.

"서운한 건 알겠지만 지금 날씨가 심상치가 않아. 모두가 조심해야 할 때야."

엄마는 속상해하는 맥스를 위해 토마토 스파게티를 만들었어요.

"엄마! 감자튀김은요?"

"감자가 다 떨어졌단다. 할아버지가 이번에 감자를 조금만 보내 주셨어. 날이 더워서 감자가 잘 자라지 못했대."

"대체 폭염은 언제 끝나는 거예요? 밖에도 못 나가고, 제가 좋아하는 감자튀김도 못 먹고, 정말 짜증 나요. 그나저나 할아버지 농장은 괜찮은 거예요?"

"안 그래도 이번 주말에 할아버지 댁에 가 봐야 할 것 같구나. 감자 농장에 문제가 생긴 모양이야. 네가 가서 위로를 좀 해 드리렴."

맥스의 할아버지는 아이다호주에서 감자 농장을 해요. 아이다호주는 미국에서 감자를 가장 많이 생산하는 곳으로, 튀김이나 구이로 만들기 적합한 감자를 전 세계에 수출하지요. 할아버지 덕분에 맥스는 어릴 때부터 감자 요리를 실컷 먹을 수 있었어요. 그런데 올해는 날씨 때문에 할아버지의 감자 농장에 문제가 생겨서 할아버지가 감자를 보내 주지 못했지요.

며칠 후 맥스는 부모님과 함께 할아버지네 감자 농장에 갔어요. 아빠는 우리가 할아버지를 도울 방법이 있을 거라고 말했지요.

"맥스, 반갑구나. 오랜만에 보니 키가 더 컸구나."

"네. 할아버지. 감자가 어떻게 된 거예요?"

할아버지의 웃는 얼굴 위로 연신 땀이 흘러내리고 있었어요.

"날씨 때문에 감자가 제대로 자라지 못했단다. 감자는 서늘한 곳에서 잘 자라는데, 기온이 오르는 바람에 스스로 성장을 멈추었어. 올해도 감

자를 많이 보내 주지 못할 것 같구나."

"그럼 이 감자들은 뭐예요?"

맥스는 할아버지 옆으로 쌓여 있는 감자 상자들을 가리키며 말했어요.

"상품으로 판매할 수 없는 감자란다. 그나마 먹을 수 있는 것을 따로 분류하고 있는 중이야. 좀 도와줄래?"

맥스는 할아버지가 준 장갑을 끼고 할아버지 옆에 섰어요.

"할아버지, 감자 모양이 이상해요."

감자를 자세히 보니 이제껏 보았던 감자와는 모양이 달랐어요. 어떤 감자들은 썩어 있거나 껍질이 바싹 말라 있기도 했지요.

"뜨거운 햇볕 때문에 열매가 타서 제대로 자라지 못했단다. 그건 상자에 따로 담아 놓으렴."

그때였어요. 이웃집 아저씨가 다급하게 뛰어와서 소리쳤어요.

"불이 났어요! 빨리 피하세요!"

농장에 불이 났어요

"갑자기 그게 무슨 말이에요? 불이라뇨? 누가 일부러 불이라도 냈다는 거예요?"

"저도 그런 줄 알았는데, 소방관에게 물어보니 폭염 때문에 불이 났대요. 이미 농장까지 불이 옮겨붙은 거 같아요. 저기 봐요!"

이웃집 아저씨는 농장을 둘러싸고 있는 산줄기를 가리켰어요. 커다란 불길이 농장 쪽으로 향하고 있었지요. 순식간에 하늘은 시꺼먼 연기로 가득해졌고, 어디선가 사이렌 소리가 났어요. 소리는 점점 요란해지기 시작했고, 농장 뒤쪽으로 소방차 몇 대가 지나가는 것이 보였지요.

"할아버지, 불길이 점점 가까워지고 있는 것 같아요. 사람들도 다 도망치고 있어요."

주변을 둘러보니 사람들이 다급하게 농장을 빠져나가고 있었어요. 그런데 할아버지는 피하기는커녕 감자 상자를 들더니 농장 안쪽으로 발걸음을 돌렸어요.

"맥스, 너 먼저 가거라. 난 이 감자들을 창고 안에 넣어 두어야겠어. 그렇지 않으면 다 타 버릴 수도 있으니 말이다."

"네? 무슨 말씀이세요? 지금 위험하다고요. 빨리 가요!"

맥스는 감자 상자를 든 할아버지의 손을 당겼어요. 하지만 할아버지는 꿈쩍도 하지 않은 채 상자를 안고 창고로 향했지요.

"할아버지만 두고 갈 수는 없어요. 저도 같이 할래요!"

맥스는 할아버지를 향해 말하며 작은 감자 상자 하나를 들었어요. 매캐한 연기 때문에 시야가 흐려지기 시작했지요. 그때였어요. 맥스의 부모님과 소방관 아저씨가 이쪽으로 오며 말했어요.

"맥스, 뭐 하고 있니? 할아버지 모시고 빨리 피해!"

아빠의 목소리에 맥스는 어찌해야 할지 몰라 발만 동동 굴렀어요.

"맥스를 데리고 가렴. 이 감자라도 있어야 내년에 농사를 지을 수 있으니 나는 감자를 창고에 넣어두고 가야겠어. 창고 주변에 울타리가 있으니 쉽게 불이 옮겨붙지는 못할 게야."

"아버지! 말도 안 돼요. 상자 내려놓고 저랑 같이 가요."

"할아버지, 당장 가셔야 합니다. 조금만 더 있으면 불길이 이곳을 덮칠 거예요."

어느새 이쪽으로 온 소방관 아저씨는 할아버지 앞을 가로막으

며 감자 상자를 억지로 빼앗으려 했어요. 그러자 할아버지는 간곡한 목소리로 소방관 아저씨에게 말했지요.

"나에겐 소중한 것이라네. 제발 도와주게."

할아버지의 간절한 마음을 느꼈는지 소방관 아저씨는 잠시 생각하는 듯했어요.

"제가 감자를 창고 안에 넣어 놓을게요. 약속해요."

소방관 아저씨는 할아버지가 들고 있는 감자 상자를 제 품으로 가져와 꼭 안았어요.

"고맙네, 정말 고맙네."

그제야 할아버지와 맥스네 가족은 농장 바깥쪽으로 몸을 피할 수 있었지요.

엉망이 된 농장

그렇게 시작된 산불은 다른 지역까지 퍼져 나갔고, 국립공원까지 태우고 나서야 잠잠해졌어요. 뉴스에서는 불길을 진압하는 데 한 달은 더 걸릴 것이라고 했지요.

"아빠, 도대체 왜 산불이 난 거예요?"

"정확한 원인은 밝혀지지 않았지만 기온이 높고 날씨가 건조해서 산불이 심하게 번진 것 같아. 얼마 전 캐나다와 호주에서도 대형 산불이 났단다. 올여름은 기온이 높은 데다 비도 잘 오지 않아서 산이며 땅이며 모두 건조해진 거지. 이런 환경이 산불을 부추긴 것 같아. 아빠도 이렇게 뜨거운 날씨는 처음이란다."

맥스는 폭염이 이렇게 무서운 결과를 초래할 줄은 정말 몰랐어요. 맥스네 가족과 할아버지는 인근에 있는 친척 집에서 지내다가 불이 난 지 2주 만에 할아버지의 농장으로 다시 돌아올 수 있었어요.

"다행이야. 소방관이 약속을 지켰구나."

할아버지는 상자 속에 든 감자를 보며 기뻐했어요.

맥스가 물었지요.

"할아버지, 감자가 그렇게 좋아요? 감자를 지키려다가 정말 큰일 날 뻔했잖아요."

"맥스, 이 감자는 그냥 감자가 아니란다. 이 농장은 선조 때부터 지어 온 소중한 우리의 터전이자 우리 가족들이 건강하고 든든하게 살 수 있도록 해 준 귀한 재산이란다. 이제 감자가 있으니 내년에 다시 감자를 심을 수 있겠어. 그럼 우리 맥스가 좋아하는 감자튀김도 실컷 해 줄 수 있을 거야."

할아버지는 그렇게 말씀하시고는 상자 속에 든 감자 몇 개를 집어 손에 꼭 쥐었어요.

그날 엄마는 가족들을 위해 감자 수프를 해 주셨고, 할아버지는 감자튀김을 만들어 주셨지요.

"아버지, 뉴스에서는 폭염 때문에 앞으로 산불이 더 자주 일어날 수도 있다고 하네요. 이제 감자 농사를 짓기가 더 힘들어질 것 같아요."

아빠의 이야기를 들은 할아버지는 아무 말 없이 농장 쪽으로 시선을 돌렸어요. 농장을 바라보는 할아버지의 눈빛이 슬퍼 보였지요.

"할아버지, 함께 이 농장을 지켜요. 저도 도울게요!"

감자 농장이 소중한 터전이라는 할아버지의 이야기가 생각난 맥스는 저도 모르게 큰 소리로 외쳤어요. 그 모습을 보며 빙그레 웃는 할아버지의 표정에 맥스는 마음이 뭉클해졌답니다.

기후 위기는 식량 위기를 초래해요

사라지는 농작물

2022년에 국내의 여러 프랜차이즈 전문점에서 감자튀김 판매를 중단하는 사태가 일어났어. 우리나라의 튀김용 감자는 대부분 미국에서 수입하는데, 최근에 폭염 등과 같은 이상 기후로 인해 생산량이 줄어 감자 공급이 중단된 거야.

기후 변화로 인해 수확량이 줄어든 작물은 감자뿐만이 아니야. 최근 브라질에서는 가뭄과 서리 때문에 옥수수, 콩, 설탕 등의 수확량이 줄어들었고, 캘리포니아도 폭염과 가뭄으로 인해 올리브와 옥수수의 생산량이 급격히 떨어졌어. 우리나라에서도 2021년 10월에 갑작스러운 한파의 영향

으로 양상추의 수확량이 크게 줄어든 적도 있어.

이처럼 농업은 기후와 밀접한 관계가 있기 때문에 급격한 기후 변화는 농작물 생산에 직접적인 영향을 미치게 돼.

기후 위기가 가져오는 문제들

기후 위기란 지구 온난화로 인해 평균 기온이 상승하면서 지구에 일으키는 변화를 말해. 산업화로 인한 화석 연료의 사용이 증가하자 지구의 온도

가 오르기 시작했고, 이는 지구에 다양한 변화를 일으켰어. 폭염으로 인해 어떤 지역은 가뭄이 들어 농사를 못 짓거나 마실 물이 부족한 현상이 생기기도 하고, 산불 같은 자연재해가 일어나 재산이 손실되고 이재민이 생겨나기도 해.

기후 위기는 식중독이나 전염병 같은 질병을 일으키기도 해. 높은 온도와 습도로 인해 바이러스나 감염병이 생기기 좋은 환경으로 바뀌어 우리의 건강을 위협하게 되지. 또 기후 변화로 서식지를 잃은 야생 동물이 인간이 사는 곳으로 이동하면서, 동물에게만 있던 바이러스들이 사람에게 감염될 가능성도 늘고 있어.

기후 위기는 곧 식량 위기

극단적인 기후 변화는 식량 위기를 초래할 수 있어. 북동부 아프리카는 2020년 10월 이후 평년 수준을 훨씬 밑도는 강우량으로 가뭄이 계속되고 있어. 이로 인해 먹을 것이 없어 굶주리는 기아와 영양실조로 인해 고통받고 있어. 유럽 남부 지역에서도 고온 건조한 날씨 때문에 밀과 옥수수 등

주요 곡물들의 생산량이 반으로 줄어들었어.

  기후 위기로 인한 세계적인 곡물 수확량의 감소는 우리나라의 곡물 자급률에 영향을 미쳐. 곡물 자급률이란 콩과 밀 같은 곡물의 국내 소비량 중에 국내에서 생산되는 비율을 말해. 우리나라의 곡물 자급률은 20% 정도로 나머지 80%의 곡물은 다른 나라에서 수입을 할 수밖에 없어. 만약 다른 나라의 곡물 수확량이 감소하거나 곡물의 가격이 오른다면 어떻게 될까? 곡물의 대부분을 수입하는 우리나라는 최악의 경우 수입이 중단되어 곡물을 공급하지 못하는 경우가 생길 수도 있어.

➕ 지식플러스

기후 때문에 난민이 될 수 있다고?

남태평양에 있는 투발루는 아홉 개의 섬으로 이루어져 있어요. 얼마 전, 투발루는 해수면 상승으로 인해 두 개의 섬이 잠겼고, 섬에 살던 국민들은 기후 난민이 될 수밖에 없었지요. 결국, 투발루는 2001년 국가 포기를 선언하고 일부 국민은 뉴질랜드로 이주하기도 했어요. 투발루의 장관은 한때는 육지였던 바다에 직접 들어가 화상 연설을 하여 전 세계 사람들에게 기후 위기의 심각성을 알렸어요. 이처럼 자연재해로 인해 삶의 터전이 망가지면서 자신의 고향을 떠나 다른 지역으로 이주해야 하는 사람들을 기후 난민이라고 해요. 이 외에도 몰디브, 키리바시 등과 같은 섬나라들도 해수면 상승으로 인해 바다에 잠길 위기에 처해 있어요.

세계 시민과 기후 위기

모두의 약속, 탄소 중립!

기후 변화에 대한 심각성을 느낀 나라들이 프랑스 파리에서 모였어. 그곳에 모인 국제 연합(UN) 회원국 모두는 스스로 정한 방식에 따라 온실가스 배출을 줄인다는 약속을 했지. 이것을 바로 파리기후변화협약(파리협정)이라고 해. 이들은 2050년까지 탄소 중립을 달성한다는 목표를 세웠지.

탄소 중립은 지구 온난화를 가속화하는 이산화탄소를 줄이기 위해 탄소 배출을 0(zero)으로 만든다는 의미로 '넷제로'라고도 불러. 우리나라 정부도 '2050 탄소 중립 추진 전략'을 발표하여 온실가스 배출량을 줄이기 위해 노력하고 있어.

세계 최초의 무탄소 도시, 마스다르 시티

아랍 에미리트 연방의 아부다비 근교 사막에는 마스다르 시티(Masdar City)라는 세계 최초의 무탄소 도시가 있어. 도시 전역에 센서를 설치해서 도시의 에너지 사용을 체크하고 에너지 절약을 유도하고 있지. 마스다르 시티는 '화석 연료 제로'를 목표로 모든 교통을 전기화 했어.

마스다르 시티로 들어가기 위해서는 차를 밖에 두고, 시속 40km로 달리는 무인 차량 'PRT(Personal Rapid Transit, 개인 궤도 자동차)'를 이용해야 해. 승차 시 목적지를 입력하면 차량은 목적지에 맞게 승객들을 내려 준다고 해.

또한 아랍의 전통을 살린 독특한 건축 양식은 탄소를 줄이는 데 효과적이야. 황토벽을 활용해 바깥의 열을 차단하고, 건물의 윗부분은 넓게 만들어 빛이 적게 들어오도록 했어. 또 건물 사이의 간격을 좁혀 바람이 빠르게 흐를 수 있도록 만들었지. 그 결과 건물의 에너지 사용률이 현저히 줄어들었어.

기후 위기를 극복하기 위한 노력

> 탄소 배출량을 줄여야 해!

코로나19로 전 세계의 많은 나라가 나라 간의 이동을 멈추고 사람들의 활동이 줄어들자 미세먼지가 심했던 인도에서는 40년 동안 보이지 않았던 히말라야산맥이 보였다고 해. 우리가 노력한다면 충분히 기후가 좋아질 수 있다는 것을 보여 주는 사례야.

전 세계의 나라들은 탄소를 줄이기 위한 법과 제도를 마련하는 등 다양한 노력을 하고 있어. 유럽은 얼마전 탄소 국경세를 도입하여 탄소 배출량을 줄이기 위한 적극적인 실천에 나섰어. '탄소 국경세'란 자국보다 이산화탄소 배출이 많은 국가에서 수입되는 제품에 대해 부과하는 관세를 말해.

또한 여러 나라에서는 식습관 개선을 통해 기후 위기를 극복할 수 있다고 주장하고 있어. 독일에서는 매년 '기후 미식 축제'를 열고 있는데, '기후 미식'은 탄소를 적게 배출하면서도 맛있게 즐길 수 있는 음식을 준비하고 접대하는 행동을 뜻해. 이 축제에 참여하는 레스토랑과 판매자, 생산자들은 창의적인 채식 요리와 지역 농산물 등의 사용을 통해 탄소 배출을 절반으로 줄이는 것을 목표로 하고 있어.

무엇보다 탄소 배출량을 줄이기 위해서는 우리 모두의 노력이 필요해. 장을 볼 때는 비닐봉투 대신 장바구니나 가방을 사용하고 분리수거를 통해 쓰레기를 철저히 분리만 해도 탄소량을 줄일 수 있어.

샤워 시간을 1분씩 줄이고 빨래를 모아서 하는 것도 생활 속의 좋은 실천 방법이야. 음식 쓰레기에서도 탄소가 발생되니 버려지는 음식물을 최대한 줄이는 것도 도움이 되겠지. 이처럼 기후 위기는 전 세계 모든 사람이 힘을 합쳐 극복해 나가야 해.

+ 지식플러스

탄소발자국을 줄여요!

탄소발자국은 개인 또는 단체가 발생시키는 이산화탄소의 총량을 의미해요. 우리는 일상에서 얼마나 많은 탄소발자국을 남기고 있을까요? 종이컵의 경우 무게는 5g에 불과하지만, 탄소발자국은 2배가 넘는 11g이에요. 우리나라 국민이 1년 동안 사용하는 종이컵이 약 120억 개 정도 되는데, 이를 탄소발자국으로 환산하면 13만 2000톤이라고 해요. 이 같은 엄청난 양의 이산화탄소를 흡수하기 위해서는 총 4725만 그루의 나무를 심어야 해요. 국민 1인당 1년에 한 그루씩의 나무를 심어야 한다는 이야기죠. 사소한 생활 습관만 바꿔도 탄소발자국을 줄일 수 있어요. 100만 가구가 사용하지 않는 전기 플러그만 뽑아도 15만 톤의 이산화탄소의 배출을 막을 수 있고, 겨울철 실내 온도를 1도만 낮춰도 이산화탄소 배출을 10% 정도 줄일 수 있다고 해요.

교과서 속 세계 시민 키워드

폭염 여름철의 심한 더위를 뜻해요.

한파 겨울철에 기온이 갑자기 내려가는 현상을 말해요.

지구 온난화 인간의 활동으로 만들어진 온실가스 등으로 인해 지구의 기온이 높아지는 현상을 말해요.

신재생에너지 신에너지와 재생에너지를 합친 말이에요. 햇빛, 물, 생물 유기체 등을 재생이 가능한 에너지로 변환시켜 사용할 수 있어요.

제4장

닭이 행복해야 우리가 건강하다고?

댓글로 알게 된 동물들의 행복

답을 달 수 없는 댓글

> 짠, 이건 오늘 나온 '바른 베이커리' 신메뉴!
> 요즘 유행하는 소금빵이에요.
> 소금빵 역시 유기농 밀가루와 유기농 우유로 만들었어요.
> 늘 좋은 재료로 좋은 빵을 선보이는 바른 베이커리니까요. 찡긋.
>

오늘도 은서는 먹음직스럽게 찍은 빵 사진과 함께 SNS에 게시물을 올렸어요. 은서는 초등학교 5학년이지만 이래 봬도 '바른 베이커리'의 SNS 홍보 대사랍니다.

아빠가 운영하는 바른 베이커리는 '유기농 베이커리' 콘셉트로 좋은 재료로 건강한 빵을 만든다고 입소문이 나서 다른 지역에서도 찾아오는 꽤 유명한 빵집이에요.

아빠는 빵을 만들고 판매하는 데 바빠서 홍보는 뒷전이라, 은서가 나섰어요. 빵 사진을 예쁘게 찍고 새로운 소식이 있을 때마다 SNS에 꾸준히 올렸더니 팔로워도 점점 늘어 지금은 제법 홍보 대사로서의 역할을 톡톡히 하고 있지요.

딩동.

'이번 피드는 올리자마자 곧바로 반응이 오네? 이벤트도 안 했는데. 오, 좋았어!'

게시물에 대한 댓글이 달렸다는 휴대폰 알람이 울리자, 은서는 바로 확인했어요. 그런데 댓글은 은서가 기대했던 것과는 전혀 다른 내용이었어요.

> 안녕하세요.
> 좋은 재료를 사용한 믿을 만한 빵이라서 다른 곳보다 좀 비싸지만 자주 이용한 단골이었는데, 얼마 전 올린 주방 사진에서 난각 번호 4번인 달걀을 사용하는 걸 알고 엄청 실망했어요.
> 밀가루와 우유는 유기농이면서 달걀의 품질은 신경 안 쓴다는 게 말이 되나요?

응? 이게 무슨 말일까요? 난각 번호 4번이 뭐지? SNS에 댓글이 달릴 때마다 다시 댓글을 다는 게 낙인 은서지만 이번에는 댓글을 달 수가 없었어요.

농장 비우기가 뭐예요?

"아빠, 아빠! 난각 번호가 뭐예……?"

은서는 댓글을 보자마자 아빠가 계시는 사무실로 뛰어갔어요. 그런데 아빠는 삼촌과 심각한 이야기를 나누는 듯 보였어요.

"농장 비우기를요? 결국은 그렇게 됐군요……. 김 사장님도 힘드시겠어요."

"김 사장님 목소리에 힘이 하나도 없더라고. 이번 조류 독감이 심각하긴 한가 봐. 그나저나 김 사장님네 농장 비우기 작업이 되면 우리도 빨리 다른 곳을 알아봐야겠는데."

아빠가 삼촌에게 걱정스럽게 말했어요.

"그러게요, 당장 달걀 수급이 잘 안 될 텐데……. 지금 농장 비우기 작업에 들어가는 농장이 많아서. 어, 은서 왔구나?"

그제야 은서를 본 삼촌이 인사를 건넸어요. 시골에서 수의사로 일하고 있는 삼촌은 서울에 올 일이 있을 때마다 '바른 베이커리'에 들러요. 삼촌은 주로 소, 돼지, 닭 등의 가축들의 건강을 돌보는 일을 한다고 해요. 삼촌이라면 난각 번호에 대해 알 수 있을지도 몰라요.

"안녕하세요, 삼촌."

옅은 미소만 짓고 인사를 받는 둥 마는 둥 한 삼촌의 시선은 다시 아빠에게로 향했어요.

"제가 아는 농장주 분들이 꽤 있는데 수급이 가능한 곳이 있는지 연락해 볼까요?"

"오, 좋지. 그럼 부탁 좀 할까?"

대화를 엿듣던 은서는 '바른 베이커리' 홍보 대사로서 그냥 넘어갈 수가 없었어요.

"아빠, 무슨 일 있어요?"

"우리 베이커리에 달걀을 가져다주시는 김 사장님 있지? 김 사장님네 농장이 조류 독감 때문에 농장 비우기를 한다는구나."

"농장 비우기가 뭔데요?"

"그러니까, 그게……."

아빠는 설명하기가 좀 곤란스러운 듯 망설였어요. 그러자 삼촌이 나서서 설명해 줬어요.

"닭들이 혹시 조류 독감에 걸렸을지도 모르니, 더 확산되는 것을 막기 위해 예방 차원에서 농장에 있는 닭들을 모두 살처분 하는 거야. 그러니까……, 닭들을 모두 한꺼번에 죽이는 거지."

"네? 아직 병에 걸렸는지 확인되지도 않았는데 살아 있는 닭들을 모두 죽인다고요?"

"닭들이 조류 독감에 걸리기라도 하면, 혹시 그 닭을 먹거나, 그 닭이 낳은 알을 먹는 사람들에게도 전염될 수 있을 테니까, 잔인하지만 제도가 그렇단다."

은서는 얼마 전 뉴스에서 조류 독감이 크게 유행이라는 소식을 봤지만, 조류 독감이 '바른 베이커리'에까지 영향을 미칠 줄은 몰랐어요.

"그런데 아까 들어오면서 뭘 물어보려는 것 같던데?"

삼촌이 물었어요.

"참, 난각 번호가 뭔지 아세요, 삼촌?"

"응, 그럼. 달걀에는 정보를 숫자로 표시해야 하는데, 그걸 난각이라고 해. 총 10자리 숫자인데 처음 네 자리는 알을 낳은 날짜, 산란일이고

다음 다섯 자리는 생산자의 고유 번호, 마지막 숫자가 사육 환경을 의미해. 닭에게 유기농 사료를 먹이고 닭을 농장에 자유롭게 풀어 놓고 키우는 환경은 1번이고, 케이지가 아닌 평사에서 자라는 환경은 2번이야. 3번은 조금 덜 좁은 케이지 안에서 자란 환경이고 4번은 아주 좁은 케이지에서 자란 환경이지. 4번 환경은 너무 좁아서 닭들이 움직이지도 못할 정도이고, 계속해서 알을 낳아야 하기 때문에 닭들이 엄청 스트레스를 받아."

아하, 이제 그 댓글의 의미를 어렴풋이 알 것 같아요.

"그럼 제가 농장주 몇 분과 약속을 잡아둘 테니, 같이 만나 봐요."

삼촌은 아빠에게 약속을 남기고 베이커리를 떠났어요.

난각 4번 농장

농장은 시골길을 한참 달리니 나왔어요.

"벌써 도착해 계셨군요! 농장주 분이 좀 늦는다니까 우리끼리 먼저 농장을 둘러볼까요? 은서도 같이 왔구나?"

"안녕하세요, 삼촌. 명색이 '바른 베이커리' 홍보 대사인데 이런 중요한 일에 제가 빠질 수 없죠."

은서의 말에 삼촌과 아빠가 웃었어요.

닭 농장은 농장하면 떠오르는 모습과는 달리 커다란 창고 같았어요. 농장 문이 열리자, 은서는 코부터 막았어요. 냄새가 엄청났거든요.

꼬꼬로꼬꼭~.

농장 안으로 들어가자마자 은서는 닭들의 울음소리에 압도당했고, 농장 안의 풍경에 놀라 얼어붙은 듯 그 자리에 서 있기만 했어요.

계단식으로 된 좁은 철창에 수천, 아니 수만 마리쯤 되는 닭들이 빽빽이 붙어 있었고, 어떤 닭들은 비좁은 케이지 밖으로 머리만 내밀고 울고 있었어요. 은서가 보기에 닭들은 인구 밀도, 아니 닭 밀도가 너무 높아서 앉지도 움직일 수도 없을 것처럼 보였어요.

아빠와 삼촌이 농장을 둘러보는 사이, 철창에 좀 더 가까이 다가가 닭들을 자세히 보니 서로 거의 겹쳐 있을 정도로 붙어 있어서 날개를 펼칠 수조차 없어 보였고, 어떤 닭들은 털이 한 움큼씩 빠져 있고, 벼슬 모양이 이상한 닭도 있어요. 그리고 보니 철장 안에는 닭들이 싸 놓은 똥도 함께 있는 것 같아요!

놀라기는 은서뿐만이 아닌 것 같았어요. 아빠도 역시 충격을 받은 표정이었어요.

"말로만 들었지 닭 농장을 실제로 와 보긴 처음인데 생각했던 것보다

도 훨씬 더 열악하구나."

아빠의 말에 삼촌이 덤덤하게 말했어요.

"처음 보는 사람들은 모두 충격을 받아요. 그야말로 난각 4번의 환경이지요."

'아, 바른 베이커리가 그동안 이런 환경에서 사는 닭이 낳은 달걀을 사용했던 거구나!'

은서와 아빠의 표정을 보던 삼촌이 슬그머니 말을 꺼냈어요.

"혹시, 동물 복지 농장도 가 보실래요? 제가 잘 아는 사장님이 운영하시는 곳이 있는데."

"그래 볼까? 사실 이곳에서 얼른 벗어나고 싶구나."

아빠가 얼른 답했어요.

"그런데 동물 복지 농장이 뭐예요?"

이동하는 차 안에서 은서가 물었어요.

"은서야, 수탉이 춤추는 걸 좋아한다는 사실, 알고 있니? 동물 복지 농장에서는 그런 모습을 볼 수 있단다! 닭의 본성대로, 닭답게 살 수 있도록 조성해 놓은 환경을 동물 복지 농장이라고 해."

"아까 본 농장이랑은 완전 반대겠네요."

"음, 직접 눈으로 보면 알 거야."

동물 복지 농장, 동물 복지 달걀

과연 삼촌이 말한 대로였어요. 동물 복지 농장은 이전 창고형 농장과는 완전히 달랐어요. 닭들은 햇빛이 충분히 들어오는 시설에 있었고, 엄청 넓어서 닭들이 자유롭게 활보할 수 있었어요. 심지어 문이 열려 있어서 닭장 밖으로 마음대로 드나들 수도 있었어요. 닭들도 건강하고 평화로워 보였지요.

"여긴 유기농 사료를 써서 이 농장의 닭들이 낳은 달걀은 난각 1번이에요. 가장 행복한 닭들이라고 볼 수 있죠."

"아빠, 우리 1번 달걀로 빵 만들면 안 될까요? 명색이 믿을 수 있는 재료로 만드는 '바른 베이커리'인데, 행복한 닭이 낳은 달걀을 사용해야 우리 빵을 먹는 사람들도 건강해지지 않겠어요?"

"사실 가격 때문에 동물 복지 달걀은 엄두를 못 냈는데……. 이렇게 눈으로 실상을 본 이상 우리가 조금 덜 벌더라도 차마 케이지에 있던 닭들의 달걀을 사용할 수가 없구나. 이 농장 사장님과 얘기해 볼게!"

"와, 정말이죠, 아빠?"

"그럼, 우리 '바른 베이커리' 홍보 대사님이 제안한 건데!"

"하하, 더 열심히 일하겠습니다."

삼촌도 왠지 흡족해하는 표정이었어요.

은서는 집으로 오는 길에 휴대폰에서 SNS 앱을 열었어요. 그리고 미처 쓰지 못한 답글을 적었어요.

> 실망시켜 드려 죄송해요. ㅜ.ㅜ
> 솔직히 난각 번호가 뭔지도 몰랐는데, 남겨 주신 글을 보고 알아봤어요.
> 그래서 '바른 베이커리'는 이제부터 동물 복지 달걀로 빵을 만들기로 했습니다.
> 닭이 행복해야 우리도 건강할 수 있으니까요.

은서는 전송 버튼을 누르고, 답글이 잘 전송되었는지 확인하며 빙그레 웃었어요.

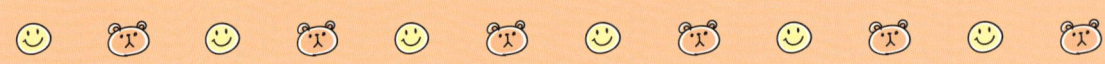

인간의 이기심, 공장식 축산

닭이 건강해야 사람도 건강해요

농장의 닭은 크게 두 종류가 있어. 닭고기를 위해 길러지는 '육계'와 달걀을 얻기 위해 길러지는 '산란계'야.

육계는 일생이 1개월에 불과해. 빠른 시간 안에 자라도록 개량된 이 닭들은 35일 안에 초고속으로 길러서 우리가 먹는 닭고기로 판매돼. 사실 우리가 먹는 치킨은 닭이 되기도 전, 죽임을 당하는 '왕병아리'인 셈인 거지. 빨리 닭이 되기 위해 비정상적으로 몸집이 커진 이 닭들은 다리와 목이 뒤틀리거나, 시력이 상실되는 등 다양한 질병에 시달려.

산란계의 닭들은 기술적으로 조절한 조명과 사료 때문에 1년 동안 매

일 알을 낳아. 닭은 어두우면 사료를 먹지 않기 때문에 닭이 지내는 닭장은 24시간 동안 조명을 켜 둬서 닭들이 낮인 줄 알고 계속 먹이를 먹게 만들어. 그래야 빨리, 더 많이 알을 낳을 수 있거든. 사료 역시 비정상적으로 빨리 클 수 있도록 특수한 사료를 먹이지. 그래서 원래 닭은 자연 수명이 10년 이상이지만, 강제로 매일 알을 낳은 닭은 2년을 넘기지 못하고 죽어. 그리고 살아가는 그 짧은 기간에도 각종 질병에 시달려.

　이렇게 스트레스 받고 온갖 질병에 시달리는 닭이 낳은 달걀과 닭고기가 과연 품질이 좋을까? 그걸 먹는 사람들의 건강은 괜찮은 걸까?

모든 게 공장식 축산 때문이야

농장의 닭들은 날개 한번 펴지 못할 정도로 좁은 곳에서 살아. 어느 정도냐면, A4 종이 알지? 그 크기대로 철창으로 우리를 만든 다음 그 안에 닭을 억지로 욱여넣는 거지. 이런 똑같은 우리 수천 개를 위아래 층층이 쌓아 놓은 것을 농장이라고 생각하면 돼.

돼지도 마찬가지야. 어미 돼지 역시 닭처럼 '스톨'이라는 철창에 갇혀 고개를 돌릴 수도 없는 공간에서 새끼를 낳고 다시 임신하기를 반복하며 평생 스톨 안에서 살다가 죽어. 이런 걸 '공장식 축산'이라고 불러. 공장식 축산은 인간이 더 적은 돈으로 더 많은 고기를 얻기 위해서 생겨난 방식이야.

문제는 여기서 멈추지 않아. 좁은 공간에 갇힌 닭들은 스트레스 때문에 서로를 쪼아 상처를 입혀. 그래서 서로를 쪼지 못하도록 병아리 시절부터 부리를 뭉툭하게 잘라 버려. 돼지 역시 스트레스로 서로의 꼬리를 물기 때문에 태어나면 꼬리를 강제로 잘라. 마취도 없이 말이야.

이 모든 게 동물을 생명체가 아닌, 고기나 달걀, 우유 등을 생산하는 기계로 생각하기 때문에 생기는 일이야. 그런데 불행히도 전 세계의 가축 사육의 99%는 공장식 축산에서 이뤄지고 있어.

➕ 지식플러스

살충제 달걀 파동

2017년 유럽에서 '살충제 달걀 파동' 사건이 일어났어요. 유럽에서 살충제로 사용하는 '피프로닐'이라는 화학 물질이 달걀에서 검출된 사건이에요. 피프로닐은 농약의 일종으로 사람이 장기간 섭취하면 신장이나 간과 같은 장기가 손상될 가능성이 있는 유해한 물질이에요. 그런데 왜 달걀에서 살충제가 검출되었을까요? 그 이유는 '공장식 축산'에 있어요. 닭은 털 속의 진드기를 제거하기 위해 모래 목욕을 해야 하는데, 좁디좁은 농장에서는 모래 목욕이 불가능해요. 그래서 진드기를 제거하기 위해 사용한 살충제가 달걀에 남아 검출된 것이었어요. 결국 공장식 축산 때문에 일어난 사건으로, 사람들을 위한 공장식 축산 때문에 사람들이 위험해지게 된 것이었죠. 당시 유럽에서 살충제 달걀 사태를 피해 간 곳이 있었어요. 바로 핀란드인데, 핀란드는 이 사건이 있기 20년 전부터 공장식 밀집 사육을 법으로 금지하고 동물 복지 정책을 추진했어요.

죽여서 예방하는 동물들의 바이러스

    공장식 축산 때문에 생기는 또 하나의 문제는 동물들의 전염성 바이러스야. 조류 독감, 구제역, 아프리카 돼지 열병 등을 들어 봤니? 모두 동물들 사이에서 퍼지는 전염성이 강한 바이러스 이름들이야.

　공장식 축산으로 인해 한곳에 동물들이 대량으로 모여 있다 보니 바이러스 질병이 한번 발병하면 무섭게 퍼지지. 동물들의 바이러스는 대부분 사람들에게 전염이 되지는 않아. 하지만 동물들과 사람은 연결되어 있으니, 만에 하나라도 해가 될 수 있기에 방역 조치를 해.

　그리고 바이러스 증상을 보이지 않더라도 잠복기일 수 있기 때문에 이를 예방하기 위해서 방역을 하는 거야. 그런데 그 방역 조치라는 게, 바이러스가 퍼진 주변의 면적을 정해서 그 해당 면적 안에 있는 농장의 동물들을 죽이는 방법이 대부분이야.

　그야말로 생명을 집단으로 죽이는 건데 이를 '농장 비우기'라고 해. 흔히 '살처분'이라고도 불러. 이렇게 잔인한 떼죽음이 일어나는데 과연 공장식 축산이 효율적이고 경제적인지 의문을 갖지 않을 수가 없지.

동물 복지를 생각해요

이제는 동물 복지 시대

동물들도 아픔을 느끼고 감정이 있을까? 강아지를 보면 주인을 알아보고 반가워하지? 이런 걸 교감이라고 하는데, 동물들이 말은 하지 못하더라도 감정을 느끼기 때문에 교감할 수 있는 거야.

닭도 먹이를 주는 사람의 발소리를 기억하고, 돼지는 지능이 높아 서너 살 된 어린아이의 지능과 비슷한 수준이야. 당연히 아픔을 느끼고 기쁘고 즐겁고 슬픈 모든 감정을 느껴. 강제로 꼬리가 잘려 나가고, 알을 낳자마자 품어 보지도 못하고 뺏기고, 주변 동물 친구들이 잔혹하게 죽어 가는 걸 보면 얼마나 아프고 슬프고 무서울까?

이제는 동물들도 사람과 다를 바 없는 생명으로 생각해서 학대, 살상으로 인한 고통을 주지 않고, 각 동물의 특성에 맞게 존중할 줄 알아야 해. 그거 알아? 돼지는 지능이 높고 활달해서 장난감이 필요하고, 동물원 기린에겐 높은 곳에 달아 놓은 먹이통이 필요하다는 거. 사람 입장에서가 아니라, 동물 입장에서 생각하는 것이 동물 복지의 첫 출발이야.
　동물들도 사람과 함께 지구에서 살아가는 공동 생명체야. 지구의 이웃으로서 우리는 동물의 삶을 아끼고 보살필 줄 알아야 해.

+ 지식플러스

동물에 대한 불편한 진실을 폭로한 루스 해리슨

루스 해리슨은 영국의 동물 복지 활동가이자 작가예요. 제2차 세계대전 기간에 독일에서 난민들을 돌보는 활동을 한 루스 해리슨은 영국으로 돌아온 이후, 동물 운동 단체가 나눠 준 전단을 보고 동물 복지에 관심을 가졌어요. 원래 채식주의자였던 루스는 1960년대 갑자기 늘어난 공장식 축산 시스템을 직접 조사했어요. 사료를 먹고 고기를 만드는 기계가 되어 버린 농장 동물들의 비참한 삶을 목격한 후, 이를 바탕으로 1964년에 『동물 기계』라는 책을 써서 공장식 축산 시스템의 진실을 만천하에 공개했지요. 이 책은 엄청난 반향을 불러일으켜서, 영국이 동물 농장의 복지를 조사하게 된 계기가 되었어요. 『동물 기계』는 지금까지도 동물 복지에 많은 영향을 주고 있고, 이후 동물 복지, 동물권, 동물 윤리에 대한 생각을 많이 바꿔 놓았어요. '동물이 행복하지 않으면 인간 또한 행복하지 않다.' 루스 해리슨이 한 말이에요.

동물들의 해방, 생크추어리

태국 치앙마이 근교에 '코끼리 자연 공원'이라는 곳이 있어. 이곳에 있는 코끼리는 대부분 늙고 병들었거나 학대로 인해 불구가 된 상태야. 이 공원은 동물원도 아니고 자연 상태도 아니야. 관광 산업이나 벌목장에서 이용되며 학대당한 코끼리를 구조해서 보호해 주는 생크추어리라는 곳이야.

생크추어리는 학대나 방치로 인해 고통을 겪거나, 다양한 이유로 자연으로 돌아갈 수 없는 동물을 수명이 다할 때까지 보호하는 곳을 말해.

  세계 각국에 다양한 생크추어리가 있어. 늙은 침팬지를 보호하는 생크추어리, 중국과 베트남 곰 농장에서 쓸개즙을 빼는 용도로 사육되던 곰을 구조해 보호하는 생크추어리, 수족관에서 사육되던 벨루가(흰돌고래)를 보호하는 생크추어리 등이 있어. 동물들의 종류는 다르지만, 모두 인간에게 이용되다가 버려진 동물들을 돌보고 있지.

  동물원과 생크추어리의 차이가 뭘까? 동물원은 사람을 위한 시설이고, 생크추어리는 동물을 위한 환경이야. 동물의 행복을 고민하는 곳이지.

동물도 사람도 안전할 수 있도록

동물복지인증제도

　동물도 고통에서 자유로울 권리가 있지 않을까? 공장식 축산으로 많은 동물들이 본성을 잃고, 고통을 당하는 삶을 보면서, 사람들은 꼭 경제적인 이익만이 사람에게 좋은 건 아니라고 생각하기 시작했어.

　지구의 생명들은 모두 연결되어 있기 때문에, 동물이 건강해야 사람도 건강하지. 공장식 축산이 아닌, 농장 동물들이 본래의 습성을 유지하면서 정상적으로 살 수 있도록 하기 위해서 우리나라는 '동물복지인증제도'를 만들었어. 동물 복지를 위한 환경에서 동물을 키웠다는 것을 인증해 주는 제도야. 인증받은 농장에서는 농장의 간판과 축산물의 포장에 '동물복지

축산농장 인증' 표시를 할 수 있어.

동물복지축산농장으로 인증받으려면 몇 가지 조건이 있어. 닭의 부리 자르기나 돼지의 꼬리 자르기 같은 동물의 신체를 훼손하는 일이 없어야 하고 배터리 케이지나 스톨 등의 감금 틀을 사용하지 않아야 해. 그리고 공장식 축산 농장에서는 동물들을 억지로 빨리 크게 하기 위해 성장 촉진제나 호르몬제 같은 약물을 사용하는데, 이런 약물도 사용해선 안 돼.

우리가 고기나 달걀, 우유 등을 살 때 동물복지인증 표시가 붙어 있다면, 동물들에게 조금은 덜 미안하고 안심하고 먹을 수 있지 않을까?

> ### 교과서 속 세계 시민 키워드
>
>
>
> **# 생명 존중** 살아 있는 모든 것을 귀하게 여기는 마음이에요. 사람부터 동물, 작은 곤충까지 모든 생명은 소중해요.
>
> **# 친환경 상품** 자원과 에너지를 적게 사용해서 지구와 사람에게 부정적인 영향을 최소화한 상품을 말해요. 환경을 생각하는 생산과 소비 활동은 우리의 건강과 환경을 지킬 수 있어요.

제5장

아이스크림이 아동 노동을 통해 만들어진다고?

팜유에 숨겨진 아이들의 눈물

기름야자 나무 농장에서 일하는 사람들

"현승이 왔구나! 아이스크림 두 개, 라면 다섯 개, 합쳐서 총 1만 2000루피아인데 1만 루피아만 내렴."

"와! 아저씨, 감사합니다. 안녕히 계세요!"

현승이는 아저씨에게 돈을 건네고 재빨리 한인 마트를 빠져나왔어요. 그리고 엄마 차에 올라탔지요.

"아이스크림이 그렇게 좋니? 참새가 방앗간에 들르듯 매일 마트에 가다니, 현승이 너도 참 대단하다."

"오늘 영어로 에세이 발표하느라 너무 힘들었거든요. 아이스크림 먹으면 피로가 싹 풀릴 것 같아요!"

현승이는 인도네시아에서 일하게 된 아빠를 따라 1년 전에 이곳에 왔어요. 집에서 멀리 떨어진 국제 학교에 다니는 바람에 엄마가 매일 하교 후에 현승이를 기다렸다가 집으로 데리고 왔지요. 현승이에게 유일한

기쁨은 하교 후, 한인 마트에 들러 한국 식품을 사 먹는 거예요.

특히 한인 마트에서 일하는 한국인 아저씨는 매일 마트에 들르는 현승이에게 가끔 물건 값을 깎아 주기도 하고, 새로 들어온 한국 식품을 추천해 주기도 해요. 아저씨가 얼마 전에 들어왔다며 추천해 준 바닐라 맛 아이스크림과 불닭 맛 컵라면은 요즘 현승이가 가장 좋아하는 한국 식품이지요.

현승이는 창밖으로 나무가 빼곡히 늘어서 있는 농장을 바라봤어요. 인도네시아에 온 첫날, 아빠는 저 나무가 '기름야자 나무'라고 말했지요. 현승이가 좋아하는 아이스크림이나 라면 같은 간식에는 이 기름야자 나무에서 나오는 '팜유'가 들어간다고 아빠가 이야기한 적이 있어요.

"우아, 아빠, 정말 멋져요. 아빠 덕분에 이 맛있는 것들을 먹을 수 있는 거네요!"

현승이는 아빠가 하는 일이 자랑스럽게 느껴졌어요.

"자, 이제 내리렴. 아빠가 기다리고 계실 거야. 이따 저녁에 보자."

엄마는 오늘 시내에 볼일을 보러 나가야 해서 현승이를 아빠가 일하는 농장 앞에 내려 주었어요. 농장 옆에는 주변 풍경과는 어울리지 않는 회색 콘크리트 외벽의 큰 공장이 버티고 있었지요.

"아빠, 저 왔어요!"

"그래, 현승아. 여기서 혼자 숙제하고 있을 수 있지? 무슨 일 있으면 전화하렴. 그리고 밖에 나가면 절대 안 돼."

아빠는 현승이에게 사무실에 들어가 있으라고 한 후 농장 쪽으로 가셨어요. 농장 관리 업무를 하는 아빠는 인도네시아의 뜨거운 햇볕 때문인지 하루가 다르게 얼굴색이 짙어져 갔지요.

"네. 걱정하지 말고 다녀오세요."

현승이는 사무실에 있는 냉장고에 아이스크림을 하나를 넣어 두고, 나머지 하나를 꺼내 먹으며 숙제를 하기 시작했어요. 그때 밖에서 시끄러운 소리가 났어요. 창문 밖을 보니 농장에서 일하는 사람들이 놀란 얼굴로 어딘가를 향해 뛰어가고 있었어요. 현승이는 궁금한 마음에 자신도 모르게 밖으로 나갔어요.

'무슨 일인지 확인만 하고 돌아오는 거야.'

문을 열고 복도를 따라가자 작은 출입문이 나왔고, 그 문을 열자 농장과 연결된 길이 나왔지요. 밖에서는 빽빽하게 늘어서 있는 나무들 때문에 잘 보이지 않았는데, 나무 농장 안으로 들어가 보니 수많은 사람들이 일을 하고 있어요.

사람들은 높은 나무에 올라가 열매를 따기도 하고, 커다란 외발 수레를 아슬아슬하게 끌고 가기도 했지요. 그중에는 아주 어린아이부터 현승이 또래의 아이들도 있었어요.

"부모님 도와주러 잠깐 온 건가?"

현승이는 혹시 아빠가 있는지 살펴보았지만 아빠 모습은 보이지 않았지요. 현승이는 어디로 가야 할지 몰라 일을 하는 사람들 사이를 살피며 서성였어요.

농장에서 만난 남매

"좀 비켜 줄래?"

여자아이의 목소리에 현승이는 뒤를 돌아보았어요. 남매로 보이는 현승이 또래의 여자아이와 작은 남자아이가 각각 자기 몸집만 한 크기의 자루를 들고 있었지요.

"아, 미안. 몰랐어."

현승이는 한쪽으로 길을 비켜 주었어요. 둘은 자루가 무거운 듯 낑낑거리며 힘겹게 걸음을 내디뎠어요.

"아야!"

그때 남자아이가 돌부리에 걸린 듯 넘어졌고, 자루에 있던 열매들이 와르르 굴러 길바닥으로 퍼져 나갔지요.

"에끼, 괜찮아?"

"누나, 너무 아파. 피 난다, 피."

남자아이의 무릎에 피가 흘렀고, 곧 울음을 터트렸어요. 어쩔 줄 모르는 여자아이의 모습에 현승이는 저도 모르게 뛰어가 말했어요.

"많이 다쳤니? 내가 도와줄게."

현승이와 여자아이는 울고 있는 아이를 부축하며 사무실로 들어갔어요. 사무실에 있는 구급함을 꺼내 소독을 하고 반창고를 붙여 주었지요. 자세히 보니 아이의 몸 여기저기에는 크고 작은 흉터들이 많았어요.

"내 동생 치료해 줘서 고마워. 내 이름은 루비스고 얘는 에끼야. 네 이름은 뭐야?"

여자아이는 큰 눈을 반짝거리며 현승이에게 물었어요.

"난 이현승이야. 한국에서 왔어. 열한 살이고 여기 온 지 1년 됐어. 아

빠가 이곳에서 일해."

"그렇구나. 그나저나 큰일 났네. 아직 할 일이 많이 남았는데……."

"누나, 오늘도 타깃을 못 채우면 아빠 약도 못 사잖아. 어떡해?"

루비스와 에끼의 목소리에 걱정이 가득했어요. 현승이는 어떤 사정인지 자세히는 몰랐지만 루비스에게 도움이 필요하다는 걸 알 수 있었지요.

"내가 도와줄게. 에끼라고 했지? 너는 아이스크림 먹고 있어. 루비스, 가자!"

현승이는 에끼에게 냉동실에 넣어 둔 아이스크림을 주고 루비스와 함께 농장으로 다시 왔어요.

"고마워, 실은 어제도 타깃을 못 채워서 일당을 제대로 못 받았거든."

"근데 타깃이 뭐야?"

"하루에 채워야 할 열매의 목표 작업량이야. 처음엔 아빠만 일하다가 건강이 안 좋아지셔서 지금은 가족 모두가 나와서 일해."

"그럼 학교는 안 가?"

"응. 못 간 지 좀 되었어. 작업량을 채우지 못하면 하루 일당을 못 받게 되거든. 그럼 우린 당장 먹고 살 수가 없어."

루비스의 슬픈 목소리에 현승이는 왠지 미안한 마음이 들었어요.

팜유의 진실

현승이는 루비스와 함께 농장 안으로 들어갔어요. 커다란 자루 안에는 기름야자 나무 열매가 가득 있었지요. 현승이는 이렇게 무거운 짐은 처음 들어 보았어요. 농장 안으로 들어온 루비스가 능숙한 솜씨로 나무 위로 올라갔어요. 현승이에게 빈 자루를 주며 말했어요.

"내가 열매를 딸 테니까, 네가 그 열매를 자루에 좀 넣어 줘!"

루비스는 금세 나무를 타더니, 열매를 땄어요. 현승이는 루비스가 떨어뜨린 열매들을 받아서 자루 안에 넣었지요.

"열매를 넣기 전에 상처가 있는지 꼭 확인해야 해. 상처가 있으면 벌점을 받거든."

루비스가 큰 소리로 말했어요. 처음에는 의기양양하게 일을 하던 현승이는 점점 허리와 팔이 아파 왔어요. 열매 껍질은 거칠고 딱딱해서 손에 작은 가시들이 박히는 것만 같았지요. 하지만 아직 자루는 반밖에 차지 않았어요. 현승이는 그만하고 싶었지만, 나무 위에서 열매를 따는 루비스의 모습에 꾹 참고 일을 했어요.

그런데 농장 저편에서 시끄러운 기계 소리가 났어요.

"저쪽으로 가자. 오늘은 이쯤에서 끝내야 할 것 같아."

　루비스는 농장 한쪽에 있는 외발 수레를 가져와서 열매가 들어 있는 자루를 실었어요. 현승이는 루비스를 도와 자루를 수레에 올리고 함께 끌기 시작했지요. 땅이 울퉁불퉁한 데다 중심이 잘 잡히지 않아 현승이는 몇 번이나 넘어질 뻔했어요.

"무슨 일이야? 자루를 다 채워야 한다면서?"

"패러쾃을 뿌릴 때는 피하는 게 좋아. 우리 아빠가 폐렴에 걸렸는데, 다 패러쾃 때문이래. 패러쾃은 잡초를 죽이는 제초제야. 아빠는 저 냄새

가 독하다면서 최대한 멀리 있으라고 했어."

그때 아빠가 에끼와 함께 현승이 앞에 나타났어요.

"현승아! 이 아이에게 네가 농장에 갔다는 이야기를 들었다. 아빠가 꼼짝 말고 있으라고 했더니 왜 여기에 있니?"

아빠가 현승이의 몸을 살피며 말했어요.

"아이들을 도와주고 있었어요. 왜 이 아이들은 여기서 일하는 거예요?"

"일단 집으로 가자. 너희들도 빨리 부모님께 가렴."

아빠는 황급히 현승이를 데리고 사무실로 향했어요.

"오늘 도와줘서 고마웠어. 현승아."

"형아, 고마워."

멀리서 손을 흔드는 에끼와 루비스의 모습을 보며 현승이는 괜스레 미안한 마음이 들었어요.

"아빠, 왜 농장에 아이들이 일하는 거예요?"

"현승아, 오늘 농장에서 한 아이가 나무에 떨어져서 난리가 났었단다. 아빠도 오늘에서야 아이들이 부모님을 따라 농장에서 일한다는 걸 알게 됐어."

아빠와 함께 집으로 돌아온 현승이는 아까 어른들이 놀라 뛰어가던 모습이 기억났어요.

"하루에 채워야 할 작업량이 너무 많아서 여기 아이들은 공부 대신 일을 해야 한대요. 루비스는 학교에 못 가고 있고 아빠는 몸이 많이 아프시대요."

현승이의 마음속에서 무엇인가 울컥 올라오는 것 같았어요.

"그래. 미안하다, 현승아. 아빠가 회사 사람들과 이 문제에 관해 이야기해 볼게. 약속하마."

"오늘 일하느라 힘들었을 텐데, 엄마가 우리 현승이가 좋아하는 라면 끓여 줄까?"

엄마는 현승이를 달래려는 듯 애써 밝은 목소리로 현승이에게 물었어요.

"아뇨. 오늘은 안 먹을래요. 입맛이 없어요."

현승이는 자신이 즐겨 먹는 간식에 들어가는 팜유가 이런 과정을 통해 만들어지는 줄은 꿈에도 몰랐어요. 루비스와 에끼는 오늘 목표량을 과연 다 채웠을까요? 반밖에 채우지 못한 자루가 자꾸만 생각나서 현승이는 오랫동안 마음이 불편했어요.

전 세계에서 일어나는 아동 노동

일하는 아이들

인도네시아는 전 세계에서 가장 많은 팜유를 수출하고 있는 국가야. 이곳에서는 오래전부터 수많은 아이들이 위험한 환경에서 노동을 하고 있어. 아이들은 팜유 열매를 따기 위해 높은 나무에 올라가기도 하고, 날카로운 도구를 쥐고 잡초를 베기도 해. 또 몸에 좋지 않은 농약이나 제초제를 직접 뿌리기도 하지. 보호받아야 할 아이들이 위험한 농장에서 일하는 이유는 무엇일까?

그 이유는 '타깃'이라 불리는 목표 작업량 때문이야. 팜 농장에서 일하는 사람들에게는 개별적으로 채워야 할 목표량이 있는데, 이는 건강한 성인 남

성에게도 힘들 만큼 많은 양이라고 해. 이 목표량을 채우지 못하면 월급이 깎이기 때문에 어른들은 자녀들까지 동원하여 일을 할 수밖에 없게 된 거야.

다국적 기업의 횡포

전 세계적으로 팜유의 인기가 높아지자 인도네시아는 적극적으로 팜 농장을 만들기 시작했어. 인도네시아는 국내 기업뿐만 아니라 해외 기업에도 땅을 빌려주며 팜 농장을 만들 수 있게 허용해 주었지. 돈이 많은 해외 기업들은 인도네시아의 열대 우림을 불태우고, 그곳에 대형 팜 농장을 지었어. 이처럼 해외 각지에 회사를 둔 기업을 '다국적 기업'이라고 해. 그 덕분에 인도네시아는 최대의 팜유 생산국이 되었지.

　그러나 문제가 생겼어. 팜 농장을 운영하는 다국적 기업은 돈을 많이 벌기 위해 불법을 저질렀거든. 다국적 기업에서 일하는 사람들은 대부분 현지인인데 이들에게 터무니없는 작업량을 정해 놓고, 이를 채우지 못하면 해고했어. 결국 자녀들까지 동원해 목표량을 채워야만 했던 거야.

 전 세계에서 일어나고 있는 아동 노동

　초콜릿은 카카오라는 열매로 만들어지는데 아프리카의 코트디부아르에서는 전 세계 카카오의 40% 이상을 생산하고 있어. 카카오 농장에서 일하는 사람 대부분은 어린아이들이야. 초콜릿에 들어갈 카카오 콩을 얻기 위해 아이들은 하루 10시간 이상 일을 하고 있어.

　방글라데시에서 일어난 '라나 플라자 공장 붕괴 사건'이라고 들어 봤니? 의류 공장이 붕괴돼서 수많은 사람이 사망한 사건인데, 그중에는 어린아이

 들도 상당수였어. 아이들은 안전 장비를 갖추지 않은 열악한 환경에서 일하다가 비극적인 사고를 당했어.

 전 세계 어린이들의 10%가 노동을 하고 있어. 아직 신체가 완전히 다 성장하지 않은 아이들이 일하게 되면 신체뿐 아니라 정신적으로 위험에 처할 확률이 높아. 또한 배움의 기회를 놓치게 되면 빈곤이 대물림되는 악순환까지 겪게 될 수 있어.

➕ 지식플러스

세계가 사랑하는 팜유

팜유는 기름야자 나무라고 불리는 팜 나무의 과실에서 나온 식물성 기름이에요. 팜유는 식용유, 버터, 화장품, 화학, 바이오 디젤, 제약 등 우리 생활에서 다양하게 사용되고 있지요. 우리가 먹는 것과 사용하는 것의 절반 정도는 이 팜유가 들어가 있어요. 팜 나무는 전 세계적으로 인기가 많아요. 팜 나무에는 열매가 많이 열릴 뿐 아니라, 자주 열려서 1년에 네 번까지 수확이 가능하기 때문이에요. 게다가 가격도 매우 저렴한 편이에요. 팜유의 또 다른 장점은 식물성 기름이지만 동물성 기름에 있는 포화 지방산이 많이 들어 있다는 거예요. 그래서 가격이 비싼 동물성 기름을 대체할 수 있어서 사람들이 선호하게 된 거예요.

세계 시민과 아동 노동

> 팜유 없는 날

  팜유 농장의 아동 노동 실태가 세상에 알려지자, 사람들은 팜유 소비를 거부하기 시작했어. 체코의 시민 단체들은 팜유를 사용하지 않겠다는 약속을 내걸고 2월 1일을 '팜유 없는 날'로 지정했지. 이 일은 폴란드, 포르투갈, 네덜란드 등으로도 퍼져 나가 3만 명의 사람들이 참여했어. 심지어 '팜유 없는 날'을 매일 실천하는 사람들도 생겨나기 시작했어.

  이러한 시민들의 참여와 관심은 기업에도 영향을 미쳤어. 어떤 화장품 회사는 팜유를 대체할 다른 식물성 기름을 사용하기로 약속했어. '세계야생동물기금협회'는 팜유가 들어간 물건의 종류와 팜유의 또 다른 이름을 알려 주는 일을 하고 있어. 팜유는 다양한 이름으로 불리기 때문에 내가 팜유를 사용하고 있는지 잘 모를 수 있기 때문이야.

　이처럼 윤리적인 경영을 하는 회사들이 늘어 가고 팜유 없는 날을 실천하는 사람들이 많아진다면 비윤리적으로 생산되는 팜유 사용이 줄어들고, 결국 팜 농장에서 일하는 아이들도 언젠가는 사라지게 될 거야.

공정 무역에 관심을 가져요!

공정 무역으로 착한 소비를!

공정 무역이란 생산자에게 정당한 임금을 주고, 아이들이 일하는 것을 금지하는 환경에서 만들어진 상품을 거래하는 무역이야. 세계공정무역기구(WFTO)는 공정 무역의 여러 가지 원칙을 정했어.

공정 무역을 위해서는 경제적으로 소외된 생산자들을 위해 기회를 제공해야 하고, 공정한 가격을 지불해야 해. 또, 생산 현장에서 아동 노동과 강제 노동을 금지하고, 안전한 노동 환경을 보장해야 하지. 공정 무역 단체들은 제품이 공정 무역 원칙에 따라 거래되는지 확인할 수 있도록 인증 마크를 부여하고 있고 소비자들은 이 인증 마크를 통해 공정 무역 상품을 구

별할 수 있어. 이러한 공정 무역 마크는 전 세계 소비자들에게 지속 가능한 발전을 의미하는 상징이라고 할 수 있어. 또한 윤리적인 제품 구매가 개발도상국 사람들의 삶을 향상시킬수 있다는 희망의 메시지이기도 해.

+ 지식플러스

공정 무역 마을

세계 최초의 공정 무역 마을은 영국에 있는 '가스탕'(Garstang)이라는 작은 마을이에요. 공정 무역 마을 사람들은 지역에 공정 무역을 알리고 공정 무역 제품을 판매하고 사용하지요. 가스탕 마을의 브루스 크라우더라는 사람은 공정 무역 제품을 알리기 위해 오랜 시간 동안 마을 주민들을 일일이 찾아다니며 설득했어요. 결국 마을의 모든 기관과 학교에서는 공정 무역 상품을 판매하게 되었지요. 이 소식은 세계 곳곳으로 퍼져나가 현재는 29개국에 공정 무역 마을이 생겼어요. 우리나라에서도 얼마 전 서울과 경기도를 비롯한 공정 무역 도시가 생기면서 공정 무역에 관한 관심과 지원이 확대되고 있지요.

교과서 속 세계 시민 키워드

 # 아동 노동 보편적으로 5~17세 사이의 아이들이 일을 하는 것을 말해요. 아동 노동으로 인해 어린이들은 강제 노동과 불법 활동에 동원되어 교육 및 자유권을 침해당할 수 있어요.

 # 윤리 경영 기업 윤리를 최우선의 가치로 두는 경영 방식을 말해요. 윤리 경영을 하는 회사는 투명하고 공정하며 합리적인 업무 수행을 추구하고 있지요.

제6장

고래잡이를 다시 시작한다고?

고래를 지켜야 해요

다시 나타난 포경선

"엄마! 저것 봐요. 고래는 정말 똑똑한가 봐요."

카즈마는 TV를 뚫어질 듯 쳐다보며 엄마를 향해 외쳤어요. TV에서는 고래 다큐멘터리가 방영되는 중이었지요. 카즈마의 한 손에는 작은 고래 피규어가 들려 있었고, 바닥에는 고래에 대한 정보가 실려 있는 두꺼운 책이 놓여 있었어요. 얼마 전 카즈마는 한국 드라마에서 고래를 본 이후로 고래에 대해 부쩍 관심이 많아졌어요.

"고래는 지능이 매우 뛰어난 동물입니다. 무리를 이루어 사냥하기도 하고, 그들이 익힌 사냥법을 다음 세대의 고래에게 알려 주기도 하지요. 고래는 사람처럼 감정도 느끼고 표현도 할 수 있습니다."

TV에서는 내레이션과 함께 죽어서 축 늘어져 있는 새끼를 업고 다니는 엄마 고래의 모습이 나왔어요. 이미 부패가 시작된 새끼의 죽음을 받아들이지 못하고, 새끼를 업고 바다 위를 헤매는 엄마 고래의 모습을 보고 카즈마의 눈에 눈물이 고이기 시작했어요.

"새끼를 잃어 고래가 많이 슬픈 것 같구나. 새끼를 사랑하는 엄마의 마음은 인간이나 동물이나 비슷한가 보구나."

"엄마, 고래도 우리와 비슷한 감정을 느낀다니 신기하기도 하고 슬프기도 해요."

너무 슬퍼요.

나지막이 이야기하는 엄마의 목소리에 카즈마는 눈물이 울컥 솟았어요. 그때 옆집에 사는 히카리 아주머니가 방문했어요.

"지난번에 포경선이 출항하는 것 봤어요? 30년 만이라고 하던데, 정말 대단했어요. 국회의원들도 오고 방송국에서도 오고요. 며칠 후에 고래를 잡아 오겠지요? 신선한 고래고기도 맛볼 수 있다니 기대되네요."

'포경선이라면 고래를 잡는 배를 말하는 건데…….'

입맛을 다시며 이야기하는 아주머니의 말에 카즈마는 정신이 번쩍 들었어요. 얼마 전에 책에서 본 내용이 떠올랐거든요. 일본에서는 멸종 위기에 처한 고래를 보호하기 위해 상업을 목적으로 한 포경업은 현재 금지되었다는 내용이었어요.

"아주머니, 포경선이라뇨? 일본은 더 이상 고래잡이를 안 하잖아요?"

"이제 다시 시작하려는 모양이야. 고래고기를 먹는 것은 일본의 전통 식문화이기도 하고 말이야. 어렸을 때 먹었던 고래고기가 참 맛있었단다."

아주머니는 카즈마의 마음도 모른 채 신이 나서 말했어요.

'고래고기라니 말도 안 돼!'

아주머니는 고래고기의 다양한 요리법에 대해서 이야기를 하기 시작했지만 카즈마의 귀에는 아무것도 들리지 않았어요. 죽은 고래의 모습이 떠올라 끔찍하기만 했지요.

고래고기가 급식으로 나온다고?

카즈마는 오전 내내 학교 수업이 머리에 들어오지 않았어요. 어제 히카리 아주머니가 방문한 이후로 포경선 생각이 머릿속을 꽉 채웠기 때문이에요. 엄마는 우리가 사는 이 동네가 옛날에는 고래잡이를 많이 했던 곳이라고 했어요. 뉴스를 찾아본 카즈마는 일본 고유의 식문화를 되찾기 위해 한동안 중단했던 포경업을 올해부터 다시 시작한다는 것을 알게 되었지요.

점심시간이 되어 급식실로 간 카즈마는 눈이 휘둥그레졌어요. 급식 메뉴에 고래고기로 만든 요리가 나왔기 때문이에요. 아이들은 신기한 듯 요리를 맛보며 저마다 감상을 이야기했어요.

"고래고기는 처음 먹어 봐! 식감이 정말 독특하네?"

"내 입맛에는 별로야. 고기가 너무 질겨."

같은 반 메이와 히토시가 고래고기를 질겅질겅 씹으며 이야기했지요.

"카즈마, 너는 고래고기를 한 점도 안 먹었네. 한번 먹어 봐. 신기한 맛이야."

메이가 고기를 젓가락으로 집어 카즈마 입 앞으로 내밀었어요.

"싫어! 난 고래고기 안 먹어!"

카즈마는 자리에서 일어나 급식으로 받은 음식을 모조리 음식물 쓰레기통에 버렸어요. 카즈마의 돌발 행동에 아이들의 시선이 일제히 카즈마에게로 모였지요. 아이들을 지켜보던 선생님이 곁으로 다가왔어요.

"카즈마, 무슨 일이니? 왜 밥을 하나도 먹지 않고 다 버린 거지?"

"먹기 싫어요. 고래는 멸종 위기 동물이잖아요. 왜 일본은 고래 사냥

을 하고 고래고기를 먹는 거죠?"

선생님은 카즈마의 질문에 당황한 듯 잠시 생각하고 말했어요.

"카즈마, 고래고기를 먹는 건 일본의 오랜 전통이야. 오랫동안 멸종 위험 때문에 고래고기를 먹지 않았지만, 이제는 멸종 위험이 줄어들었대. 모든 고래를 잡아서 먹는 것도 아니니 걱정할 필요 없단다."

"고래를 먹으면 다시 멸종될 수도 있잖아요? 고래 말고도 먹을 수 있는 것이 많아요. 고래도 사람처럼 감정을 느낀대요. 그런데 왜……."

카즈마는 다큐멘터리에서 본 새끼를 잃은 고래의 모습이 생각나서 다시 마음속이 뜨거워졌어요. 선생님은 카즈마의 빨개진 눈을 보고는 더 이상 아무 말을 할 수 없었지요.

고래가 멸종될 수 있어요

우울한 마음을 안고 하교를 하던 카즈마는 항구를 향해 걸었어요. 바다를 보면 기분이 좀 나아질 것 같아서였지요. 그런데 평소와 달리 항구에 많은 사람이 모여 있었어요. 커다란 카메라를 든 사람들도 분주하게 돌아다녔어요. 자세히 보니 항구에는 못 보던 배가 정박해 있었지요.

가까이 다가간 카즈마는 사람들의 함성이 향하는 곳을 쳐다봤어요. 커다란 고래가 배에서 실려 나오고 있었어요. 카즈마는 움직일 수가 없었어요. 죽어서 축 늘어져 있는 고래의 모습에 카즈마는 충격을 받았지요.

"카즈마구나. 학교에 다녀오니? 너도 고래를 구경하러 왔구나."

히카리 아주머니였어요. 카즈마는 어제 아주머니에게 들은 포경선 이야기가 생각났어요.

"저게 포경선이죠? 고래를 잡아서 돌아온 건가요?"

카즈마는 고래에게서 시선을 피하며 말했어요. 아주머니는 휴대폰으

로 고래의 사진을 찍으며 들뜬 목소리로 이야기했어요.

"맞아. 두 마리나 잡았다고 하는구나. 길이가 10미터는 되겠어. 정말 대단해."

카즈마는 화가 나고 속상했지만 어찌해야 할지 몰랐어요. 그때였어요. 한 무리의 사람들이 플래카드를 들고 항구 앞쪽으로 몰려왔어요. 플래카드에는 '해양 생물 보호! 고래 사냥을 중단하라!'는 문구가 쓰여 있었지요.

"우리는 해양 환경 단체예요. 고래를 잡는 것은 엄연히 불법이에요. 전 세계가 고래잡이를 금지하고 있어요. 일본도 당장 고래를 잡는 것을 그만둬야 해요."

"불법이라뇨. 정부의 허락을 받았으니 합법적으로 하는 거겠죠. 고래잡이는 일본 고유의 문화예요. 우리의 전통을 지키겠다는 건데 무슨 문제가 되는 거죠?"

무리의 가운데에 서 있던 빨간 모자를 쓴 언니가 단호한 어조로 이야기하자, 아주머니도 질세라 의견을 이야기했어요.

"고래고기가 일본의 문화라고는 하지만, 먹거리가 풍부한 지금은 실제 고래고기를 먹는 사람들이 많이 줄었어요. 굳이 고래잡이를 다시 시작할 이유가 없어요. 잘못된 문화는 고쳐 나가야죠. 고래잡이를 멈추지 않는다면 고래가 멸종될 거예요."

"우리가 잡는다고 해서 고래가 멸종되지는 않아요. 그리고 포획 가능한 고래만 잡는 건데 문제 될 건 없어요. 우리가 이런 아이들에게 우리의 문화를 알려 주고 지킬 수 있도록 적극적으로 나서야 한다고 생각해요."

아주머니는 카즈마를 가리키며 말했어요. 사람들의 시선이 일제히 카즈마에게 몰렸어요. 카즈마는 잠시 고민하다가 용기를 내기로 했어요.

"제 생각은 달라요. 고래잡이를 계속하면 고래가 멸종될 거예요. 고래는 최상위 포식자기 때문에 고래가 멸종되면 다른 해양 동물들에게 영향을 미치고 우리에게도 결국 피해가 올 거예요. 고래도 사람처럼 똑같이 감정을 느끼고 생각해요. 우리가 고래를 지키고 보호해야 해요."

카즈마는 자신도 모르게 말이 술술 나왔어요. 아주머니는 놀란 듯 입을 다물지 못했지요.

"이 아이 말이 맞아요. 우리 어른들이 잘못된 문화는 알려 주고, 바로잡도록 이끌어야죠."

빨간 모자를 쓴 언니는 카즈마에게 방긋 웃어 보였어요. 카즈마는 조금 부끄러웠지만, 이상하게 속이 뻥 뚫린 것처럼 시원했지요.

"너 정말 용기가 대단하구나. 이렇게 함께 뜻을 모은다면, 고래잡이도 결국 중단될 거야. 도와줘서 고마워."

카즈마는 언니를 보며 앞으로 고래를 지키기 위해 어떤 노력을 해야 할지 생각해 보기로 했어요. 주머니 속에 들어 있는 고래 피규어를 꺼내 꼭 쥐자, 플라스틱 고래의 유선형 몸체에서 따뜻함이 느껴졌어요. 마치 고래가 용기를 내 주어서 고맙다고 카즈마에게 속삭이는 듯했지요.

멸종 위기에 처한 고래

30년 만에 다시 시작된 고래잡이

고래는 크기가 거대하고 먹을 수 있는 부위가 많기 때문에 오래전부터 전 세계 사람들에게 중요한 사냥 대상이었어. 특히 섬나라인 일본은 신사 시대부터 고래잡이를 해 왔고, 다양한 고래잡이 기술을 발전시키며 포경 산업이 번성하게 되었지.

하지만 고래의 무분별한 포획으로 인해 고래의 개체 수가 줄어들자, 1980년대 많은 나라가 모여 상업적으로 고래를 잡는 것을 금지했어. 그러나 일본은 먹거리가 아닌 연구용으로 고래잡이를 지속해 왔지.

그런데 2019년에 일본은 상업용 고래잡이를 다시 하기로 했어. 일본의

전통문화인 포경업을 계승하고 고래고기를 먹는 식문화를 지키겠다는 이유로 말이야. 일본 정부에서는 포경업을 살린다는 명목으로 학교 급식에 고래고기가 나오도록 장려하는 고래고기 이용 촉진법까지 통과시켰어.

2023년 초, 일본에는 고래고기를 판매하는 가공식품 자판기까지 생겼어. 일본 포경 회사에서 고래고기 소비 활성화를 위해 일본 주요 도시에 자판기를 설치한 거야. 이 자판기에는 고래의 혀와 꼬리 등 다양한 부위를 카

레나 베이컨, 통조림 등으로 가공하여 판매하고 있어서 국제적으로 많은 비난을 받고 있어.

고래가 없어진다면?

바다에서는 고래와 같은 대형 해양 생물의 역할이 매우 중요해. 특히 고래는 바다의 공기 청정기라는 별명이 있어. 고래는 많은 양의 이산화탄소를 몸속에 저장하는 능력이 있거든. 고래가 평생 저장하는 이산화탄소의 양이 약 33톤인데, 이는 나무 1500그루가 1년간 흡수할 수 있는 양에 해당한다고 해.

고래는 심해에서 먹잇감을 먹고, 수면으로 올라와 배설을 하는데, 고래의 배설물에는 식물성 플랑크톤의 성장을 돕는 성분이 들어 있어. 식물성 플랑크톤이 성장하게 되면 동물성 플랑크톤이나 크릴(갑각류)의 영양분이 되기 때문에 이들을 먹이로 삼는 어류뿐 아니라 다른 해양 생물의 생존에도 도움이 되겠지. 즉 고래를 지키는 것은 다른 해양 생물들을 보호하는 것과 같다고 할 수 있어.

+ **지식플러스**

우리나라에서도 고래가 잡혀요

우리나라도 상업적인 목적으로 고래를 포획하는 행위를 금지하고 있어요. 하지만 어업 활동 중 우연히 걸린, 즉 혼획된 고래의 판매는 여전히 허용되고 있지요. 환경 단체들은 이렇게 잡힌 고래가 정말 우연히 그물에 걸린 것이라는 걸 증명하기는 어렵다고 이야기해요. 의도적으로 그물을 쳐서 고래를 잡는 일이 몰래 이루어질 수 있기 때문이에요. 실제로 불법 포획한 고래를 운반한 선장들이 무더기로 해경에 적발되어 화제가 된 적이 있어요. 2022년 한 해에 혼획된 고래가 867마리나 된다고 해요. IWC(국제포경위원회)에서는 다른 나라에 비교해 한국이 혼획한 고래 수가 몇십 배 이상 많다고 지적하기도 했어요. 환경 단체들은 모든 고래류를 보호종으로 지정하여 고래고기 판매를 금지해야 한다고 주장하고 있어요.

세계 시민과 해양 생물 다양성

해양 생태계를 보전해요

해양 생태계라고 들어 봤니? 해양 생태계는 바다와 바다에 사는 모든 생명체가 먹이사슬을 형성해 살아가고 있는 것을 말해. 그동안은 광대한 바다에 얼마나 많은 생물이 있는지 정확히 밝히기 힘들었어. 그러나 꾸준한 해양 탐사를 통해 최근에 수많은 바다 생물이 발견되었지.

매년 1000종 이상의 새로운 해양 생물들이 관찰되고 있는데, 우리나라와 일본 주변에는 해양 생물이 약 3000종이 넘게 사는 것으로 확인되었어. 하지만 개발 사업과 무분별한 포획 등으로 해양 생물의 생태계가 파괴될 위험에 처해 있어.

이를 위해 각 나라의 정부에서는 해양 생물 다양성에 관해 연구하고, 생태계를 보전하기 위해 생물 다양성 협약에 가입했어. UN에서는 매년 5월 22일을 '생물종 다양성 보존의 날'로 지정하여 생물이 지닌 유전자의 다양성을 보존하고 관리해야 한다는 정신을 알리고 있어.

고래를 보호하는 단체 '씨 셰퍼드'

'씨 셰퍼드(Sea Shepherd)'는 해양 환경 보호를 위해 만들어진 비영리 단체야. 생태계와 종 다양성을 위해 바다에서 벌어지고 있는 서식지 파괴와 야생 동물을 마구 잡는 것을 막는 일을 하고 있어.

이 단체는 '직접 행동'이라는 가치를 두고 있어. 이들은 캠페인이나 모금 운동뿐 아니라 직접 현장으로 나가 행동하는 것을 중요하다고 생각해. 이들은 실제로 포경선을 들이받아 침몰시키기도 하고 남극해에서 일본 포경선에 맞서 싸우기도 했지.

씨 셰퍼드는 다양한 방면에서 활약하고 있어. 독자적으로 활동하는 것뿐만 아니라 여러 나라의 정부와 협력하여 효율적이고 강력한 환경 보호

방법을 찾고 있지. 한국에도 본부가 있는데 이들의 핵심 임무는 해양 서식지 파괴를 막고 해양 생물을 보호하는 것이라고 해.

특히 우리나라에서 어업 중에 다른 어패류와 섞여서 잡히는 고래 혼획에 대한 문제점을 알리고, 수족관의 돌고래를 방류하고, 해양 쓰레기 등을 수거하는 일을 통해 해양 생태계를 보존하기 위해 노력하고 있어.

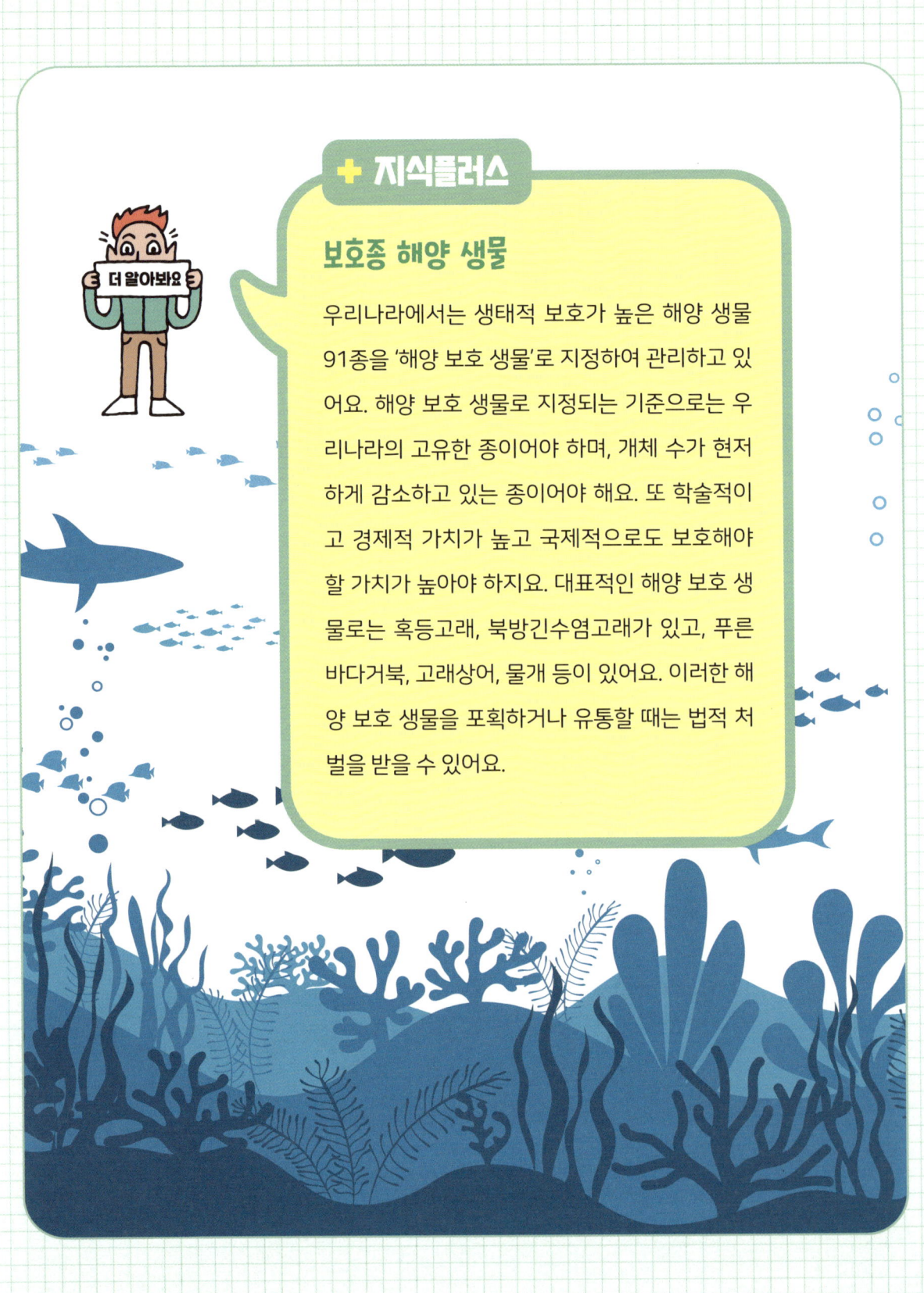

지식플러스

보호종 해양 생물

우리나라에서는 생태적 보호가 높은 해양 생물 91종을 '해양 보호 생물'로 지정하여 관리하고 있어요. 해양 보호 생물로 지정되는 기준으로는 우리나라의 고유한 종이어야 하며, 개체 수가 현저하게 감소하고 있는 종이어야 해요. 또 학술적이고 경제적 가치가 높고 국제적으로도 보호해야 할 가치가 높아야 하지요. 대표적인 해양 보호 생물로는 혹등고래, 북방긴수염고래가 있고, 푸른바다거북, 고래상어, 물개 등이 있어요. 이러한 해양 보호 생물을 포획하거나 유통할 때는 법적 처벌을 받을 수 있어요.

해양 생물을 지키기 위한 노력

해양 보호 구역을 만들어요

세계에서는 생물 다양성이 높은 곳을 보호하고 해양 자원을 지속적으로 이용하기 위해 많은 노력을 기울이고 있어. 우리나라는 현재 30여 개 지역을 '해양 보호 구역'으로 지정하여 관리하고 있지.

해양 보호 구역은 해양 생태계, 생태 과정, 서식처 및 생물종 보호를 위해 법적으로 지정하고 관리하는 바다의 특정 구역을 말해. 보호 구역으로 지정되면 생태 자원 조사를 통해 생태계를 지속해서 관리할 수 있고, 관광지로 만들 수 있는 혜택이 있어. 이에 따라 주민들의 일자리도 창출될 수 있는 장점이 있지.

우리나라의 대표적인 해양 보호 구역은 울릉도 해역으로, 주변 해역의 생물을 관리하고 생태계를 보호하고 있어. 연구자들은 보호 구역을 지정하는 것도 중요하지만, 관계자들의 제도적 지원과 사회적 네트워크를 통한 지속적인 소통도 필요하다고 이야기하고 있어.

교과서 속 세계 시민 키워드

 # 비영리 단체 이윤을 추구하지 않고, 사회 전체의 이익을 목적으로 하는 단체예요.

 # 생태계 어떤 장소에 사는 생물이 다른 생물이나 생물이 아닌 환경 요인과 상호 작용하는 것을 말해요. 지구라는 커다란 생태계 안에는 공간에 따라 숲 생태계, 바다 생태계 등 다양한 생태계가 존재하고 있지요.

 # 플랑크톤 물속을 떠다니며 살아가는 작은 생물로 눈에 보이지 않을 만큼 아주 작아서 물고기들의 먹이가 돼요.

 # 먹이사슬 생태계 내 생물들 간의 먹고 먹히는 관계를 말해요. 모든 생물은 먹이사슬을 통해 서로 긴밀한 관계를 맺으며 살아가지요.